国学国艺必读丛书

孙子兵法

册三

[百世兵家之祖]

北京联合出版公司

九变[1]篇第八

曹操曰：变其正，得其所用九也。○王晳曰：晳谓九者数之极；用兵之法，当极其变耳。《逸诗》云：『九变复贯。』不知曹公谓何为九。或曰：九地之变也。○张预曰：变者，不拘常法，临事适变，从宜而行之之谓也。凡与人争利，必知九地之变，故次《军争》。

原文 **孙子曰：凡用兵之法，将受命于君，合军聚众，**张预曰：已解上文。**圮地无舍**[2]，曹操曰：无所依也。水毁曰记。○李筌曰：地下曰记，行必水淹也。○陈皞曰：圮，低下也。孔明谓之地狱。狱者，中下四面高也。○孟氏曰：太下则为敌所囚。○杜佑曰：择地顿兵，当趋利而避害也。○梅尧臣曰：山林、险阻、沮泽之地，不可舍止，无所依也。○张预曰：山林、险阻、沮泽，凡难行之道为记地。以其无所依，故不可舍止。**衢地交合**[3]，曹操曰：结诸侯也。○李筌曰：四通曰衢，结诸侯之交地也。○贾林曰：结诸侯以为援。○梅尧臣曰：夫四通之地，与旁国相通，当结其交也。**绝地无留**[4]，曹操曰：无久止也。○李筌曰：地无泉井畜牧采（来）樵之处为绝地，不可留也。○贾林曰：溪谷坎险，前无通路曰绝，当速去无留。**围地则谋**[5]，曹操曰：发奇谋也。○李筌曰：因地能通。○张预曰：居前隘后固之地，当发奇谋。若汉高为匈奴所围，用陈平奇计得出，兹近之。**死地**[6]**则战。**曹操曰，殊死战也。○李筌曰：置兵于必死之地，人自为私斗，韩信破赵，此是也。○梅尧臣曰：前后有碍，决在死战。此而上举九地之大约也。○王晳注上之五地并同曹公。**涂有所不由**[7]，曹操曰：隘难之地，所不当从；不得已从之，故为变。○张预曰：险厄之地，车不得方轨，骑不得成列，故不可由也。不得已而行之，必为权变。韩信知陈余不用李左车计，乃敢入井烃口是也。**军有所不击，**曹操曰：军虽可击，以地险难久，留之失前利，若得之则利薄，困穷之兵，必死战也。○梅尧臣曰：往无利也。**城有所不攻，**曹操曰：城小而固，粮饶，不可攻也。操所以置华费而深入徐州，得十四县也。○贾林曰：臣忠义重禀命坚守者，亦不可攻也。○梅尧臣曰：有所害也。○王皙曰：城非控要，虽可攻，然惧于钝兵挫锐；或非坚实，而得士死力；又克虽有期，而救兵至，吾虽得之，利不胜其所害也。**地有所不争，**曹操曰：小利之地，方争得而失之，则不争也。○梅尧臣曰：得之无益者。○王皙曰：谓地虽要害，敌已据之；或得之无所用，若难守者。○张预曰：得之不便于战，失之无害于己，则不须争也。又若辽远之地，虽得之，终非己有，亦不可争，如吴子伐齐，伍员谏曰：『得地于齐，犹获石田也；不如早从事于越。』不听，为越所灭是也。**君命有所不受。**曹操曰：苟便于事，不拘于君命也。○李筌曰：苟便于事，不拘君命。穰苴斩庄贾，魏绛戮杨干是也。○杜牧曰：尉缭子曰：『兵者，凶器也。争者，逆德也。将者，死官也。无天于上，无地于下，无敌于前，无主于后。』

注释　①九变：这里指在军事行动中针对外界的特殊情况，灵活运用一般原则，做到应变自如而不是墨守陈规。九，数之极，多变之意。②圮地无舍：圮，为毁坏、倒塌之意。圮地，指难于通行之地。舍，止，此处指宿营。圮地无舍即在难以通行的山林、险阻、沼泽等地不可宿营。③衢地交合：即四通八达之地。衢，四通八达。交合，指结交邻国以为后援。④绝地无留：此句意谓遇上绝地，不要停留。绝地，难以生存之地。⑤围地则谋：围地，指进退困难、易被包围之地。谋，即设定奇妙之计谋。在易于被围之地，要设奇计摆脱困难。⑥死地：进则无路，退又不能。⑦涂有所不由：此句言有的道路不要通过。涂，通「途」，道路。由，从，通过。

譯文

孙子说：用兵打仗的一般法则是：将帅领受国君的命令征集民众、组成军队。出征后遇到山林险阻、沼泽水网等难以通行的「圮地」，不可宿营；在几国交界、四通八达的「衢地」，要注意与邻国诸侯结交；在没有水草粮食、交通困难、难以生存的「绝地」，千万不可停留；遇到四面地势险要、道路狭窄、进出困难的「围地」，要巧设计谋，出奇制胜；陷入前无进路后有追兵、战则存不战则亡的「死地」，要坚决奋战，殊死搏击。有的道路不要去走，有的敌人不要去打，有的城池不要去攻，有的地方不要去争；即使是国君的命令，不适合当时情况也不能执行。

釋例一

前205年，汉王派张耳和韩信带兵攻打赵王歇及守在代地的陈余。因赵军已占据了形势便利的地形，韩信等人于是在距井陉口三十里的地方驻扎下来。韩信就派一万人做先头部队，开出营寨，面向着赵军，背着河水，排开了阵势。赵军看到韩信军队排成这样只有前进、没有退路的绝阵，大笑不已。等到天大亮，韩信登上战车，插上大将旗号，设上战鼓，边击着前进的鼓声，边领着军队开出井陉口隘道。于是赵军打开营门，来迎击汉军，两军交战了很久。韩信、张耳假意战败，抛开了主帅指挥的旗鼓，赶快退到排在水边的军阵之中，进入阵地，迅速回头迎战。军士们个个奋勇争先，拼死命作战。韩信先派的两千名轻骑兵，见赵军全营出动，就冲入赵军营垒，拔掉赵旗，竖起了两千面汉军的红色旗帜。赵军回头一看，大为惊恐，以为汉军虏获了赵王及他们的将领，于是阵势大乱，各自奔逃。背水阵上的兵和两千名轻骑兵两面夹攻，大破赵军，在泜水边斩了成安君陈余，活捉了赵王歇。

释例二 前154年，吴、楚七国反，汉景帝派遣太尉周亚夫率兵攻击叛军。周亚夫到霸上，赵涉拦住去路对周亚夫说：『将军东诛吴楚，胜利后则国家安固，不胜则天下危急，不知能否听听我的建议？』周亚夫下车，施礼后请教。赵涉说：『吴王素富，养一些为他拼死的人。听到将军向东征伐，必埋伏那些歹徒于崤山一带的险要之地，而且军事贵在神秘，将军为什么不从此向右去，走蓝田，出武关，到达洛阳，时间不过差一二日，直入武库，击鸣战鼓，诸侯知道了，以为将军自天而降呢！』周亚夫按其计行事，安抵洛阳。

释例三 前506年11月，吴、楚两军在柏举摆开阵势。吴王阖闾的弟弟夫概王早晨请求阖闾说：『楚国的囊瓦不仁，他的臣下没有拼死的决心。我们抢先进攻，他们的士兵一定奔逃；然后大部队继续上去，必然得胜。』阖闾不答应。夫概王说：『所谓「臣下合于道义就去做，不等待命令」，说的就是这个吧。今天我拼命作战，就可攻进楚国去了。』于是带着他的部下五千人抢先攻击子常的士兵。子常的士兵奔逃，楚军乱了阵脚，吴军大败楚军。吴军追击楚军，到达清发，打算发动攻击。夫概王说：『被困的野兽还要争斗，何况人呢？如果明知不免于死而一起拼命，必然打败我们。如果让其先渡过

管仲

管仲名夷吾，又名敬仲，字仲，春秋时期齐国著名的政治家、军事家，被称为『春秋第一相』，辅佐齐桓公成为春秋时期的第一霸主，所以又说『管夷吾举于士』。

河感到可以逃脱，后边的人羡慕他们，就没有斗志了。渡过一半才可以攻击。』听了他的话，吴军又一次打败楚军。

原文

故将通于九变之地利者，知用兵矣。 李筌曰：谓上之九事也。○杜佑曰：九事之变，皆临时制宜，不由常道，故言变也。○贾林曰：九变，上九事将帅之任机权，遇势则变，因利则制，不拘常道，然后得其通变之利。变之则九，数之则十，故君命不在常变例也。○梅尧臣曰：达九地之势，变而为利也。○王皙曰：非贤智不能尽事理之变也。○张预曰：更变常道，而得其利者，知用兵之道矣。**将不通于九变之利者，虽知地形，不能得地之利矣。** 贾林曰：虽知地形，心无通变，岂惟不得其利，亦恐反受害也。将贵适变也。○梅尧臣曰：知地不知变，安得地之利？○张预曰：凡地有形有变，知形而不晓变，岂能得地之利？**治兵不知九变之术①，虽知五利②，不能得人之用矣。** 曹操曰：谓下五事也。九变，一云五变。○梅尧臣曰：知利不知变，安得人而用？○王皙曰：虽知五地之利，不通其变，如胶柱鼓瑟耳。○张预曰：凡兵有利有变，知利而不识变，岂能得人之用？曹公言下五事为五利者，谓九变之下五事也地，非谓杂于利害已下五事也。

注释 ①九变之术：九变的具体手段和方法。②五利：指『涂有所不由』至『君命有所不受』等五事之利。

譯文 所以，将帅如果谙晓在各种情况下机智应变的利弊，就真正懂得用兵了。如果不懂得在各种情况下机智应变的利弊，即使是熟悉地形，也不能得到地形之利。统帅指挥军队而不知道各种机变的方法，纵然了解五种地形（即圮、衢、绝、围、死）的利弊，也还是不能充分发挥全军将士的战斗力。

釋例四 200年，曹操与袁绍接连打了几仗。曹操守在官渡（今河南中牟东北），袁绍围攻曹军。曹操粮用完，写信给荀彧，和他商议准备返回许都，并以此引诱袁绍。荀彧说：『现在军粮虽然缺乏，总还不像当年楚汉在荥阳、成皋相持时的那种程度啊。那时候刘邦、项羽没有谁肯先退的，先退的就处于劣势了。您拿以一当十的兵力，选定阵地阻击固守，扼制着咽喉要地，使袁军不能前进，已经半年了，眼看袁绍的力量已经用尽，形势必将发生变化，这正是出奇制胜的时候，不要错失良机啊！』于是曹操打消了退回许都的打算，用奇兵袭击袁绍的贮粮之地，斩杀了他的大将淳于琼等，袁绍终于败退逃跑。

釋例五 一向被称为中原地区霸主的晋国，到了春秋后期，国君已经大权旁落了，国家的实权由六家大夫掌握。他们各自都有独立的地盘和武装，互相攻伐。后来其中两家被打散了，还剩下智家、韩家、赵家、魏家。在这四家中，以智家的势力最为强大。

智家的智伯瑶想吞并其他三家的土地，于是就对三家的大夫赵襄子、韩康子、魏桓子说：『晋国原本是中原的霸主，后来相继被吴、越夺去了霸主的地位。为了使晋国再次强大起来，我主张每一家都划出一百里土地和户口来交给公家。』

这三家大夫都知道智伯瑶想借公家的名义来逼迫他们交出土地。可是三家大夫心不齐，首先是韩康子把土地和户口割让给了智家；魏桓子不想得罪智伯瑶，也把土地、户口割让出来了。

智伯瑶又向赵襄子索要土地和户口，赵襄子坚决不同意，他说：『土地是祖上留下来的产业，无论如何也不能送人！』智伯瑶听了赵襄子的话，怒气冲天，马上率领韩、魏两家一同发兵攻打赵家。前455年，智伯瑶亲自率领中军，魏家的军队担任左路，韩家的军队担任右路，三路人马直奔赵家。赵襄子知道寡不敌众，就带着手下的兵马退守晋阳。没过多长时间，智伯瑶率领三家的人马已经把整个晋阳城团团围住。赵襄子命令将士们坚守城池，不许出战。每当三家军队攻城的时候，城头上的箭好像飞蝗一般落下来，使得三家兵马无法前进一步。就这样，赵襄子凭着弓箭守了两年多。三家的兵马始终没能把晋阳城攻下来。

这一天，智伯瑶来到城外察看地形，他看到了晋阳城东北面的晋水，忽然有了一个主意：晋水从晋阳城边绕过向下游流去，如果把晋水引到西南边来，晋阳城不是就被水淹了吗？他想到这里，就命令士卒在晋水边上另外再挖一条河，一直通到晋阳城，又在上游筑起了堤坝，用以拦住上游的水。当时正值雨季，堤坝上的水很快就满了。智伯瑶命人在水坝上挖出个豁口。这样，大水就直冲出来，灌到晋阳城里去了。晋阳城里的房屋被淹，人们不得不躲到房顶上去避难；炉灶也淹没在水里，老百姓不得不把锅悬起来做饭。即便如此，晋阳城的老百姓宁可淹死，也坚决不肯投降，因为他们恨透了智伯瑶。

智伯瑶请魏桓子和韩康子一同去察看水势。他用手指着晋阳城得意洋洋地对他们说：『你们看，晋阳不是很快就要完了吗？以前我还以为晋水能像城墙一样拦住敌人，现在才知道，原来大水也能灭掉一个国家！』

魏桓子和韩康子表面上虽然顺从地答应，可心里却暗暗吃惊。原来，在魏家的封邑安邑、韩家的封邑平阳旁边各有一条河流。智伯瑶的话提醒了他们：晋水既然能淹晋阳，说不定哪天安邑和平阳也会遭到和晋阳同样的命运。晋阳被淹之后，城中的情况越来越危急了。赵襄子坐卧不安，他对门客张孟谈说：『晋阳民心虽然没变，可水势要是再涨起来，全城就保不住了，这可怎么办呢？』

张孟谈回答说：『依我看，魏家和韩家把土地白白割让给智伯瑶，他们也不会心甘情愿的，我想办法劝他们两家共同对付智伯瑶。』

于是当天晚上，张孟谈就奉赵襄子之命偷偷出城。他先找到韩康子，又找到魏桓子，说服他们反过来与赵家一起攻打智伯瑶。韩、魏两家早就为此事犹豫，经张孟谈一劝，都欣然同意了。

第二天半夜，智伯瑶正在营帐里睡觉，忽然间听见外面一片喊杀的声音。他急忙从床上爬起来，发现被褥和衣服全都湿了。他定睛一看，原来兵营里全是水。开始他还以为是堤坝决口，河水流到自己营里来了，于是他就赶忙命人去抢修。可是水势越来越大，把整个兵营全都淹没了。正当智伯瑶惊慌不定的时候，四面八方响起了震耳欲聋的战鼓声。赵、魏、韩三家的将士驾着小舟、木筏一齐冲杀过来。智伯瑶手下的士卒，被砍杀的和淹死的不计其数。智家全军覆没，智伯瑶也被三家的人马捉住杀了。

后来，赵、魏、韩三家瓜分了智家的土地，各自独立，形成了赵、魏、韩三国，历史上称这件事为『三家分晋』。

原文

是故智者之虑，必杂于利害①。曹操曰：在利思害，在害思利，当难行权也。○李筌曰：害彼利此之虑。○贾林曰：杂一为亲，一为难。言利害相参杂，智者能虑之慎之，乃得其利也。梅尧臣同曹操注。○王皙曰：将通九变，则利害尽矣。○张预曰：智者虑事，虽处利地，必思所以害；虽处害地，必思所以利。此亦通变之谓也。**杂于利，而务可信也**②；曹操曰：计敌不能依五地为我害，所务可信也。○梅尧臣曰：以害参利，则事可行。○王皙曰：曲尽其利，则可胜矣。○张预曰：以所害而参所利，可以伸己之事。郑师克蔡，国人皆喜。惟子产惧曰：『小国无文德而有武功，祸莫大焉。』后楚果伐郑。此是在利思害也。**杂于害，而患可解也**③。曹操曰：既参于利，则亦计于害，虽有患可解也。〇李筌曰：智者为利害之事，必合于道，不至于极。〇贾林曰：在害之时，则思利而免害，故措之死地则生，投之亡地则存，是其患解也。〇梅尧臣曰：以利参害，则祸可脱。〇张预曰：以所利而参所害，可以解己之难。张方入洛阳，连战皆败，或劝方宵遁，方曰：『兵之利钝，是常贵因败以为成耳。』夜潜进逼敌，遂致克捷。此是在害思利也。

是故屈诸侯者以害④，曹操曰：害其所恶也。〇李筌曰：害其政也。〇杜牧曰：恶，音一路反。言敌人苟有其所恶之事，我能乘而害之，不失其机，则能屈敌也。〇王皙曰：穷屈于必害之地，勿使可解也。〇张预曰：致之于受害之地，则自屈服。或曰：间之使君臣相疑，劳之使民失业，所以害之也。若韦孝宽间斛律光，高颎平陈之策是也。**役诸侯者以业**⑤，曹操曰：业，事也，使其烦劳，若彼入我出，彼出我入也。〇梅尧臣曰：挠之以事则劳。〇王皙曰：常若为攻袭之业，以弊敌也。田常曰：『吾兵业已加鲁矣。』**趋诸侯者以利**⑥。曹操曰：令自来也。〇李筌曰：诱之以利。〇杜牧曰：言以

孔明智败司马懿

孔明即诸葛亮，与司马懿是老对头，双方斗智斗勇，往来征战。诸葛亮足智多谋，司马懿经常被气得火冒三丈。

利诱之，使自来至我也，堕吾画中。〇王晳曰：趋敌之间，当周旋我利也。〇张预曰：动之以小利，使之必趋。

注释 ①必杂于利害：必然充分考虑和兼顾到有利与有害两个方面。杂，混合、掺杂，这里有兼顾之意。②杂于利，而务可信也：此句意谓如果考虑到事物有利的一面，则可完成战斗任务。务，任务、事务。信，同『伸』，伸张，舒展，这里有完成之意。③杂于害，而患可解也：意谓在有利情况下考虑到不利的因素，祸患便可消除。解，化解、消除。④屈诸侯者以害：指用敌国所厌恶的事情去迫使他屈服。屈，屈服、屈从，这里作动词用。诸侯，此处指敌国。⑤役诸侯者以业：指用危险的事情去烦劳敌国而使之疲于奔命，穷于应付。业，事也。此处特指危险的事情。⑥趋诸侯者以利：此句意指用小利引诱调动敌人，使之奔走无暇。趋，奔赴、奔走，此处为使动用法。

译文 因此，聪明的将帅考虑问题时，必定兼顾到利、害两个方面。在不利的情况下充分考虑到有利的因素，战事就可以顺利进行；在有利的情况下充分考虑到不利的因素，各种可能发生的祸患便可以预先排除。

要使别的诸侯国臣服，就要用各种手段去伤害他；要使别的诸侯国任你驱使，就要用各种他不得不做的事去烦扰他；要使别的诸侯国听从你的调拨，就要用各种利益去引诱他。

释例六 404年，刘裕派遣刘毅率军追击桓玄，在峥嵘洲交战。刘毅军尚不满万人，见

桓玄军容甚盛，各有惧色。刘道规麾众前进，刘毅等方鼓棹随行。桓玄畏惧，常添轻舸于船侧，以备战败时逃遁。桓玄的军队本无斗志，刘毅又乘风纵火，大火席卷而来，刘毅军奋勇争先，玄众散舟大溃。

釋例七（一）一代霸主齐桓公死后，竖刁、易牙、开方三人废掉太子公子昭，而让公子无亏当了国君。

公子昭看到自己不但君位被夺去，而且还有被杀的危险，于是就逃到宋国去，请宋襄公为他帮助他。

宋襄公这个人视仁义超过自己的生命，当时宋国的实力并不强大，但是，宋襄公一直想成为霸主。公子昭前来投奔他，他认为这是个难得的机会，于是就收留了公子昭。

前642年，各国诸侯得到宋襄公的通知，要护送公子昭回到齐国复位，希望各国诸侯派兵相助，以壮大声势。大部分的诸侯看到是没什么实力的宋襄公出面号召，没有谁理会，只有曹、卫、邾等几个比宋国还弱小的国家派了一些人马。宋襄公率领四国的联军杀奔齐国，齐国的臣子对公子昭心怀同情，再加上不了解联军的实力，就把无亏杀了，在临淄迎接公子昭回国复位。公子昭回国之后当上了国君，就是齐孝公。

宋襄公认为自己对齐孝公复位起到了巨大作用，自认为这是件轰动天下的大事，已经到了树立威信称霸诸侯的时候了，他就想会盟诸侯，确定自己盟主的地位。于是，宋襄公分别派使者出使楚国和齐国，想把会盟的事先和两国国君商量一下，以取得这两个大国的支持。最初，楚成王接到通知以后轻蔑地讥笑世上竟然有宋襄公这样不自量力的人。他的一位大臣说：『宋君好名无实，我们可以利用这个机会进军中原，争夺盟主之位。』楚成王觉得有道理，于是将计就计，答应参加会盟。

前639年春天，宋、齐、楚三国的国君在齐国的鹿地相聚。宋襄公刚一开始就以盟主自居，认为自己的霸位比楚、齐两国国君高，盟主非他莫属。他事先没有征求齐、楚两国的意见，自作主张地拟定了一份秋季在宋国会盟诸侯，共同扶持周天子王室的通告。楚成王和齐孝公对宋襄公的做法很是不满。但是碍于情面，最后还是签了字。

到了约定开会的日子，楚、陈、蔡、许、曹、郑等六国的国君都来了，只有齐、鲁两国国君没到。开会时，宋襄公首先发言：『各国诸侯都来了，我们今天会盟于此，是效仿当年齐桓公的做法，签订盟约，共同辅佐王室，以使天下太平，各位诸侯认为如何？』楚成王发问道：『您说得不错，但不知道盟主由谁来担任？』宋襄公说：『这好办，谁的爵位高就让谁做吧。』话音未落，楚成王就说：『我们楚国早就称王了，宋国虽然是公爵，但是跟王比起来还低一等。所以盟主自然应该由我来坐。』说罢毫不谦让，一下子就坐到了盟主的位置上。

宋襄公看到自己的如意算盘落空，不禁怒火中烧。他指着楚成王骂到：『我的公爵是天子亲自封的，天下没人不承认；而你那个王是自封的，你有什么资格做这个盟主？』楚成王说：『既然你说我这个王是假的，那你请我来干什么？』宋襄公说：『你们楚国本来是子爵，现在居然假王压真公！』

这时，只见楚成王身边的大臣脱去长袍，露出里面的铠甲，手中举起一面小红旗，只轻轻一挥，那些随着楚成王前来、打扮成侍者的人纷纷脱掉外衣，原来他们个个都是内穿铠甲手持兵刃的军士。他们冲到台上，吓得诸侯四散奔逃，楚成王命人把宋襄王拘押起来，然后率领五百乘大军浩浩荡荡地杀向宋国。多亏宋国的大臣早有防备，他们团结民众，坚守城池，使楚成王灭宋的阴谋没有得逞。于是楚成王就把宋襄公放到楚国的车上，把他带回楚国了。后来，过了好几个月，在齐国和鲁国国君的调解之下，楚成王觉得自己抓了宋襄公也没什么用场，这才把宋襄公放回国。

（二）管仲辅佐齐桓公征服了众多诸侯国，成为了中原的霸主，可是只有南方的楚国不听齐国的号令。

当时，齐国有很多将军向齐桓公请战，要求率兵去攻打楚国，以兵威震慑楚国，使其称臣。但相国管仲却连连摇头，说：『齐楚两国实力相当，一旦开战，短时间内必定不会分出胜负。我们不但会把辛辛苦苦积蓄下来的粮草用尽，还会使齐楚两国的生灵成为尸骨。』

一习话把将领们说得哑口无言。管仲说完，带着众将去看炼铜。谁也不知道管仲有何妙计能够征服楚国。管仲派出一百多名齐国商人到楚国去购鹿。鹿在当时是比较稀少的动物，只有楚国才有。但人们只把鹿当作一般的可食动物，二枚铜币就能买到一头。

被管仲派出去的商人在楚国四处扬言：『齐桓公好鹿，不惜重金来购买。』

楚国商人一见有利可图，就纷纷加紧购鹿，鹿的价格也逐渐提高。起初，三枚铜币一头，才过了十几天，价格就涨到五枚铜币一头。楚成王和群臣听说后，非常兴奋。他们认为强大的齐国即将遭殃，因为当初卫懿公就是因为好鹤而使国家灭亡，如今齐桓公好鹿是重蹈覆辙。楚国君臣在宫殿里大排筵宴，只等待齐国大伤元气，他们好称霸中原。

这时，管仲把鹿的价格提高到四十枚铜币一头。楚国人见一头鹿的价钱与数千斤粮食的价钱相同，就纷纷放下农具，制做猎具进入深山去捕鹿；楚国的官兵也停止了训练，将兵器换成猎具，偷偷上山捕鹿了。不过一年时间，楚国耕地大荒，铜钱却堆积如山。

这时，楚国想用铜币去别国买粮食，却无处购买。因为管仲早已发出号令，禁止各诸侯国与楚国通商买卖粮食。这样一来，楚军之中人黄马瘦，战斗力大打折扣。管仲见时机成熟，便集合八路诸侯之军，浩浩荡荡地开往楚国，大有席卷之势。楚成王内外交困，无计可施，只好派大臣求和，同意不再称霸一方，保证接受齐国的号令。

（三）齐威王执政的时候，有一次，楚国大举进犯齐国。当时齐国的兵力远不如楚国，在这种危急时刻，齐威王只好派人出使赵国请求援救。

齐威王以黄金一百两，车马十辆作为礼物交给大臣淳于髡，命他带着这些礼物出使赵国以换取救兵。

淳于髡看到这一百两黄金和十辆车马，突然放声大笑起来。

齐威王当时感到莫名其妙，就问淳于髡：『你为什么这样狂笑？是不是觉得我的礼物太轻了呢？』淳于髡止住笑声，回答道：『我怎么敢嫌礼物少呢！』齐威王追问：『那你刚才为什么大笑不止呢？』淳于髡答道：『我刚才突然想起了今天早上看见的一件事，觉得十分好笑。』齐威王就问：『是什么事？』

淳于髡说：『今天早上，我在路上看见一个农民正跪在路边祭田。在他的面前焚着三根香，还摆着一个小酒盅；他一手抓起一只小猪爪，一手打着揖，祈祷说：「土地神啊，请您保佑我走好运，让我五谷丰登，肥猪满圈，长生不老，儿孙满堂，让我的子孙世世代代生活富裕。」我看到他的祭品寒酸，而奢望却这么高，因此越想越觉得好笑。』齐威王听了这番话，顿时感到非常惭愧。于是，他立即命人准备好黄金一千镒，白璧十双，车马一百乘，交给淳于髡前往赵国求救兵。

淳于髡把这些礼物交给赵王，赵国立刻派出精兵十万，战车千辆，来援助齐国。楚国得到赵国出兵相救的消息，连夜撤兵回国，齐国因此避免了一次灾祸。

（四）前266年，赵惠文王去世，他的儿子即位，就是孝成王。但由于孝成王年纪轻，所以由赵太后执政。赵太后就是历史上赫赫有名的赵威后。

当时的赵国，虽然有廉颇、蔺相如等重臣辅佐，但是国力已经不如以前。此时秦国见赵国国政正处于新旧交替之际，国内局势动荡不安，而新君又年少无知，于是便认为有机可乘。秦国对赵国发动突然袭击，一举攻下了三座城池。在这万分危急的关键时刻，赵太后决定请求齐国出兵增援。齐王虽然答应帮助，但是提出一个条件：必须把太后的幼子长安君送到齐国当人质。

赵太后不愿答应这个条件，朝中群臣极力劝谏。赵太后就公开对群臣说：『以后谁要是再敢说让长安君去齐国当人质，我一定朝他的脸上吐唾沫！』

其他大臣都不敢再去劝谏，唯独左师触龙提出要去求见太后。太后得知他要来，怒气冲冲地等着他。触龙进了宫殿以后，迈着小步做出快速前行的姿态，但是脚步挪动得却很慢。

他来到太后面前，就谢罪说：『老臣腿脚不好，不能快跑，因此很久没来看望您了。我虽然私自原谅自己，但总是担心太后的身体有什么不适，所以今天前来看望您。』

太后说：『我现在全靠着坐车行动。』

触龙问：『您每天的饮食没有减少吧？』

太后答道：『我不过吃一点稀粥罢了。』

触龙又说：『我最近很不想吃东西，只勉强行走，每天只要走上三四里路，就能稍微增加一点食欲，身上也感觉比较舒服了。』

太后说：『我可做不到。』她脸上的怒色稍微消解了一些。

触龙说：『我最小的儿子舒祺，很不成材；我现在已经老了，私下里非常疼爱他，希望他能够递补上卫士的数目，来保卫宫廷。我因此冒着死罪向太后禀告。』

太后回答道：『这当然可以。你的儿子年龄有多大了？』

触龙答道：『十五岁了。他虽然年纪还小，但希望我死之前就把他托付给您。』

太后听了觉得很有意思，就问：『你们男人对小儿子也非常疼爱吗？』

触龙答道：『比女人还厉害。』太后笑着说：『可是妇女特别厉害。』

触龙听了之后，顿了一下说道：『不过我私自认为，您对燕后的疼爱就超过了长安君。』太后说：『您说错了！我对燕后的疼爱并不像对长安君那样厉害。』

触龙说：『父母疼爱自己的子女，就应该为他们的长远考虑。您当初送燕后出嫁的时候，抓住她的脚跟痛哭不止，为她远嫁他乡而伤心。她出嫁之后，您时时刻刻都很想念她，可是您在祭祀时，总是为她祷告说「千万不要回来啊」，这难道不是为她的长远考虑，希望她能够生育子孙，世代做国君吗？』

太后听了认为很有道理，说道：『确实是这样。』

触龙问道：『从现在往上推回到三代以前，一直到我们赵国刚刚建立的时候，被赵王封侯的子孙的后人有还在的吗？』

赵太后答道：『没有了。』

触龙说：『不仅是我们赵国，其他的诸侯国君被封侯的子孙，他们的继承人现在有还在的吗？』

赵太后说：『我从来没有听说过。』

触龙说：『在他们当中，如果祸患来得早，就降临到他们自己的头上；而如果祸患来得晚，就降临到他们子孙的头上。难道国君的后人就一定要遭到祸患吗？这是因为他们的地位高贵但却没有功勋，俸禄丰厚却没有业绩，而他们占有的财富却太多了啊！现在，您把长安君的地位提得非常高，又封给他大片肥沃的土地，而不趁着眼前这个机会让他为国家立功，一旦您离开了人世，长安君又能凭借什么在赵国立住脚呢？我觉得，您为长安君所做的打算太不长远了。所以我认为，您疼爱长安君不如疼爱燕后。』赵太后听完之后，恍然大悟，于是说道：『好，我就听你的话，派他去齐国。』于是就为长安君准备了一百辆马车，把他送到齐国去做人质。齐国的救兵也就立即出动了。

原文

故用兵之法：无恃其不来，恃吾有以待也①；梅尧臣曰：所恃者，不懈也。**无恃其不攻，恃吾有所不可攻也。**曹操曰：安不忘危，常设备也。○李筌曰：预备不可阙也。○杜佑曰：安则思危，存则思亡，常有备。○梅尧臣曰：所赖者有备也。○王皙曰：备者实也。○张预曰：言须思患而预防之。《传》曰：『不备不虞，不可以师。』

故将有五危：李筌张预曰：下五事也。**必死，可杀也**②；曹操曰：勇而无虑，必欲死斗，不可曲挠，可以奇伏中之。○李筌曰：勇而无谋也。○何氏曰：《司马法》曰：『上死不胜。』言贵其谋胜也。○张预曰：勇而无谋，必欲死斗，不可与力争，当以奇伏诱致而杀之。故《司马法》曰：『上死不胜。』言将无策略，止能以死先士卒，则不胜也。**必生，可虏也；**曹操曰：见利畏怯（法）不进也。〇梅尧臣曰：怯而不果。〇张预曰：临阵畏怯，必欲生返，当鼓噪乘之，可以虏也；晋楚相攻，晋将赵婴齐令其徒先具舟于河，欲败而先济是也。**忿速，可侮也**③；曹操曰：疾急之人，可忿怒侮而致之也。〇李筌曰：急疾之人，性刚而可侮致也。太宗杀宋老生而平霍邑。〇杜佑曰：急疾之人，可忿怒而致死。忿速易怒者，狷戆疾急，不计其难，可动作欺侮。〇梅尧臣曰：狷急易动。**廉洁，可辱也**；曹操曰：廉洁之人，可污辱致之也。〇李筌曰：矜疾之人可辱也。〇梅尧臣曰：徇名不顾。〇王皙同曹操注。〇张预曰：清洁爱民之士，可垢辱以挠之，必可致也。**爱民，可烦也**。曹操曰：出其所必趋，爱民者，则必倍道兼行以救之；救之则烦劳也。〇李筌曰：攻其所爱，必卷甲而救；爱其人，乃可以计疲。〇杜牧曰：言仁人爱人者，惟恐杀伤，不能舍短从长，弃彼取此，不度远近，不量事力，凡为我攻，则必来救。如此，可以烦之，令其劳顿，而后取之也。〇梅尧臣曰：力疲则困。**凡此五者，将之过也，用兵之灾也**。陈皞曰：良将则不然。不必死，不必生，随事而用；不忿速，不耻辱，见可如虎，否则闭户；动静以计，不可喜怒也。〇梅尧臣曰：皆将之失，为兵之凶。〇何氏曰：将材古今难之，其性往往失于一偏尔。故孙子首篇言将者，智、信、仁、勇、严，贵其全也。〇张预曰：庸常之将，守一而不知变，故取则于己，为凶于兵。智者则不然，虽勇而不必死，虽怯而不必生，虽刚而不可侮，虽廉而不可鹰，虽仁而不可烦也。**覆军杀将**④，**必以五危**⑤，**不可不察也**。贾林曰：此五种之人，不可任为大将，用兵必败也。〇梅尧臣曰：当慎重焉。〇张预曰：言须识权变，不可执一『道也。

注释

①无恃其不来，恃吾有以待也：意谓不要寄希望于敌人不来，而要依靠自己所

做的准备充分。恃，倚仗、依赖、寄希望。②必死，可杀也：言坚持死拼，则有被杀的危险。必，坚持、固执之意。③忿速，可侮也：此句言将帅如果急躁易怒，遇敌轻进，就有中敌人轻侮之计的危险。忿，愤怒、忿懑。速，快捷、迅速，这里指急躁、偏激。④覆军杀将：使军队覆灭，将帅被杀。覆，覆灭、倾覆。覆、杀均为使动用法。⑤必以五危：必，一定、肯定。以，由、因的意思。五危，指上述『必死』、『必生』等五事。言『覆军杀将』都是由这五种危险引起的，不可不充分注意。

譯文 所以，用兵打仗的一般原则是：不寄希望于敌人不来进犯，而要依靠自己做好充分的准备，整装待发；不寄希望于敌人不会攻击，而要依靠自己防守坚固，使敌人不可攻破。

所以说，将帅有五种弱点是致命的：死拼硬打，就有可能被诱杀；贪生怕死，就有可能被俘虏；急躁易怒，就有可能被敌人的侮辱激怒而中计；廉洁好名，就有可能被流言中伤而落入圈套；溺爱民众，就有可能被烦扰而陷于被动。以上这五种情况，是将帅的过错，也是用兵的灾难。全军覆灭、将帅被杀，都是由这五种弱点导致的，对此不能不予以充分的考察。

釋例八 357年，姚襄进驻黄落，前秦遣苻黄眉、苻坚及将军邓羌率步骑一万五千人，直抵黄落。姚襄深沟高垒，固守不战。邓羌向苻黄眉献策道：『姚襄被桓温杀败，锐气已尽，今固垒不战，是为穷寇。姚襄性刚狠，可以刚克。若鼓噪扬旗，直压襄垒，使他怒不可遏，他必气愤而出兵，一战可擒了。』苻黄眉令羌率骑兵三千人攻襄垒挑逗他，自己和苻坚埋伏在三原。姚襄果然大怒，倾其精锐部队出击。邓羌且战且退，退至三原，始回马力战。苻黄眉、苻坚伏兵左右杀到，把襄兵冲得七零八落。襄被前秦兵擒住斩首。

釋例九（一）237年2月，诸葛亮调动十万大军由斜谷攻魏，到了郿县，驻兵在渭水的南面，后移驻在五丈原。司马懿同诸葛亮相持一百多天，诸葛亮多次挑战，司马懿总是不出兵。诸葛亮就拿妇女使用的头巾、花饰和衣服送给司马懿。司马懿恼怒，向魏帝上表请求出战。魏帝派遣卫尉辛毗为军师持着符节去制止司马懿。护军姜维对诸葛亮说：『辛毗拿着符节来到，敌人不再出战了。』诸葛亮说：『司马懿本来就不想作战，之所以请求出战是向士兵表示用武而已。将领在军中，可以不听君主的命令，如果他能打胜我军，难道需要远隔千里而请求作战吗？』可见司马懿虽被辱但未失去理智。

（二）1983年10月25日，美国利用格林纳达发生内部政变的机会，纠集七个加勒比海小国，对格林纳达突然进行武装入侵，仅用了四天的时间就摧毁了格林纳达的军事抵抗，用了八天的时间就结束了战争。

为达成这场战争的突然性，美军在入侵前一个月，美国五角大楼放消息说，由于中东地区局势紧张，计划派二个航母战斗群开赴中东。过了几天，一个两栖登陆战斗群、一个多用途航母战斗群驶离诺福克海军基地，沿宣布的航线向中东开进。但在航行数天后，他们突然改变航线，偷偷地驶向格林纳达，分别在距格林纳达岛以东五海里和西北30海里处集结待命。在突袭的前一天，美军用运输机和直升机将部分陆军别动队员和军事装备，运往距离格林纳达岛仅有250公里的巴巴多斯。当天，加勒比海七国的警察部队也以演习的名义到巴巴多斯集结。

这样，美国共集结登陆部队8000余人、舰上人员一万人、各型舰船15艘以及飞机230架，悄悄地完成了对格林纳达的入侵准备。10月25日5时，美军分别从格林纳达附近海域、巴巴多斯和美国国内三个待运点，乘直升飞机、运输机神不知鬼不觉地扑向格林纳达。

美军入侵格林纳达之所以能够『成功』，是因为美军充分利用高技术武器装备的优势，巧妙地运用『声东击西』的计谋。『声东击西』这一古老谋略在今天高技术战争条件下仍有用武之地。

（三）武则天被推翻以后，太子李重俊谋诛韦后未遂，韦后杀死中宗，玄宗杀了韦后而拥立睿宗，睿宗以圣庶抗嫡的名义换玄宗为太子，谯王李重福洛阳谋乱未遂，睿宗禅位玄宗，玄宗诛杀太平公主而移睿宗于百福殿，在短短的八年半时间内，先后发生了七次宫廷事变。在这七次宫廷事变中，有四次与玄宗有关，他在宫廷政变中很好地发挥了声东击西的作用。

先是韦后想谋害中宗，仿效武则天改朝换代，但恐李姓诸王生变，将在外的诸王大多召会京师，李隆基也在此行列。他不甘任人宰割，『阴聚才勇之士』，准备待机行动。韦后与太平公主失和，李隆基早已侦知，他与太平公主之子薛崇简等相谋，想取得太平公主及其死党的支持。就在此时，韦后等谋害李隆基的父亲李旦的谋划已定，兵部侍郎崔日用派人告密。为了不至于被政敌消灭，也为了使政敌措手不及，李隆基决定马上发动政变。这样大的事情，按常理应该通知其父李旦和太平公主。李隆基以『事成福归于王（其父），不成以身死之，不以累王』为名，率所联络的羽林军所辖的『万骑』，攻入长安宫的玄武门，杀韦后、安乐公主、上官婉儿等，灭其党羽，废李重茂，拥立其父李旦为帝，是为睿宗。这次太平公主与李隆基共诛韦后，拥立睿宗，可谓功高权大。睿宗即位，议立太子，犹豫不决。长子李成器在权衡利弊之后，自知李隆基握有实权，又有文武大臣阿附，难以与之抗衡，便以『时平则先嫡长，国难则归有功』为名，『涕泣固让』。隆基终于得到太子的位置。

睿宗优柔寡断，军政大权实际上操在太平公主和李隆基手中。太平公主以为李隆基年轻，容易控制，但后来发现他非常有主见，于是十分后悔，想要除去李隆基，另扶傀儡。李隆基在权衡利弊之后，便悄悄地行动起来。他先让术者向睿宗说：『五日中当有急兵入宫。』以使怕事的睿宗难以处置。然后让张说、姚崇对睿宗说：『此必谗人欲离间东宫。愿陛下使太子监国，则流言自息矣。』连吓带哄，使睿宗命太子监国。李隆基借此得到更多的权力，以期得到与太平公主抗衡的实力。当太平公主得知姚崇、宋璟参与此谋，责备李隆基时，李隆基因实力尚不如，便顺从太平公主之意，奏他们『离间姑、兄，请从极法』，将二人贬官在外，进而安抚了太平公主，使她放松警惕，而暗中发展势力。这是李隆基第一次成功地使用声东击西之计，以不然为必然争而胜之的手法。

太平公主见李隆基忍让，便大肆援引心腹充当宰相，力争在多名宰相中占有多数，以便掌握政事。而李隆基却不动声色地将羽林军控制在手，掌握应变的基本力量。

712年秋7月，正好彗星临近地球，这本是自然现象，可在当时却是与国家政事有关的灾变。借此机会，太平公主使术士言：『彗所以除旧布新，又帝座及心前星皆有变，皇太子当为天子。』欲使睿宗怀疑太子抢班夺权，借机鼓动睿宗废掉李隆基。不想睿宗却说：『传德避灾，吾志决矣。』这是太平公主忽略睿宗久受磨难，胆小怕事的弱点，以天变为辞，正是逼睿宗传位与李隆基。事情发展至此，太平公主及其党力谏也不能挽回。太平公主只好求其次，『劝上虽传位，犹宜自总大政』。所以睿宗下诏：『三品以上除授及大刑政决于上皇，余皆决于皇帝』

当时有七名宰相，五名出于太平公主之门，太平公主仍掌握重权，睿宗虽为太上皇，但大权不下放，李隆基仍受到掣肘。以现在形势来看，太平公主所把持大权的后台是睿宗，李隆基想办法收回太上皇的权力应该是必然的，因为只有如此，才能夺回主动权；太平公主的党羽遍布内外，除之不易，应是不可妄动之事。然而，太平公主身在不安的地位，肯定会采取夺权行动，这将威胁李隆基的地位。故决定李隆基的命运的关键已经是太平公主及其党羽。

太平公主及其死党谋废立的事实已见端倪，李隆基尚为大权不在手而犹豫不决。这时，荆州长史崔日用前来奏事，顺便进言：『太平谋逆有日，陛下住在东宫，犹为臣子，若欲讨之，须用谋力。今既光临大宝，但下一制书，谁敢不从？』促使李隆基下定决心。713年秋7月，李隆基开始采取行动。他先发羽林『万骑』兵，肃清禁军的异己分子，然后再杀太平公主门下诸宰相，赐令太平公主自杀，将太上皇迁往百福殿，收回所有权力。自此以后，李隆基才成为名符其实的皇帝，先后任命姚崇、宋璟、张嘉贞、张九龄等为宰相，针对当时的弊政，进行一些改革，大唐王朝开始走向盛世。

結語 本篇强调要善于根据情况，灵活变换战法，否则，即使熟知地形，也不能『得地之利』，虽知『五利』，也不能『得人之用』。而『智者之虑，必杂于利害』，也是孙子在本篇中所表达的一个重要思想，是要求将帅必须从利与害两个方面来认识军情。

九变，『变』，改易、机变。『变者，不拘常法，临事适变，从宜而行之之谓也』（张预注）。九是数之极，九变不限于九种变化，而是多种多样变化之意，与千变万化之意相同。为将者遇利害应知变通，要趋利避害，变不利为有利。

孙子又概要地提出了有备无患的战略思想。『国之大务，莫先于戒备』（诸葛亮）。只有军力优越，准备充分，才能有备无患。

兵法與商道

比尔仁义经商得好报

美国休斯可公司创始人比尔，以350美元起家，在短短10年内发展成了拥有1000万美元资产的美国最大的皮鞋制造商。他之所以能站稳脚跟，靠的就是仁义。在创业初期他深感自己财单力薄，不可能单凭个人的实力和同行业的大厂家竞争，必须联合外界的人力、物力、财力。要想做到这一点，就要以心换心。一次，休斯可公司生产的白鞋带、白扣的软皮鞋，在辛辛那提州失去了销路，零售商每天都打电话要求退货，这可急坏了负责这一地区的批发商古佳伦，他连夜找到比尔商量对策，因为如果把货收回来，积压在家里，批发商就要遭受到巨大的经济损失。比尔说：『你的困难，就是我的困难，不管什么是原因造成的这种局面，我决不会让你白白受到损失，你把白带白扣的皮鞋全部收回，送到我这里调换其它式样的鞋。』古佳伦感动地说：『但也不能让你一个人吃亏呀！』比尔亲切地说道：『我们都是一家人，谁受损失都一样，况且理应由我来处理。』这件事传出之后，全国各地的批发商对比尔更加敬重了。

比尔类似的事举不胜举。批发商、零售商对比尔为他人着想的做法十分钦佩，决定用实际行动报答。他们不仅尽全力推销比尔公司生产的各式皮鞋，而且在比尔遭到灭顶之灾后，自发组织起来，帮助比尔渡过难关。一年，河水决堤把比尔用贷款新建的现代化皮鞋厂的设备、材料及产品冲得几乎一干二净，比尔如遭晴天霹雳，欲哭无泪，他想到了死。在他万念俱灰之时，比尔销售网中几个较大的批发商亲自登门拜访，鼓励他『重振旗鼓』。可是，比尔连还债的钱都没了，根本没有资金兴建工厂。一位批发商豪爽地说：『你放心，只要你肯继续干下去，资金的事包在我们身上了。』另一位说：『过去，我们困难的时候，你帮助了我们，现在我们也决不能昧良心，袖手旁观。』几天后，几个大批发商召开了来自全国各地几百位批发商的集资大会，仅仅两个小时，就凑齐了比尔重建新厂的资金，一星期之后，比尔恢复了工厂生产。

《孙子兵法》中说所的『衢地交合』，就是指在通达之时要与人结交。比尔在别人困难的时候能够舍己为人，伸出援助之手，当他遭受灭顶之灾时，他也得到了回报。如此看来，商战亦有道。

精诚所至金石为开

『精诚所至，金石为开』意思是诚心能够感动像金石那样坚硬的东西。在经商过程中，即使是最挑剔的顾客，也能靠发自内心的真诚去打动他。

日本有一家地方性报纸——《佐贺报》，它在邻近的福冈县大报社的竞争夹缝中生存了一百一十年而没有被挤垮，凭借的就是处处为用户打算的真心诚意。佐贺北临日本海，南接太平洋，是典型的海洋性气候，经常下雨给报纸的传递带来了很大的困难。《佐贺报》的董事长说：『下雨天送去湿漉漉的报纸实在说不过去。』因此凡是阴雨连绵的早晨，每一位《佐贺报》的读者，都会收到一份用塑料袋细心包裹着的报纸。《佐贺报》对读者的这份真诚和温馨，就是它历经百年而不倒的经营秘诀。

其实，顾客们花钱购买商品，除了以钱换物之外，还希望得到另一种不花钱的额外商品，那就是营业员的『诚意』。什么是诚意？就是对消费者发自内心的尊重。俗话说『你敬我一尺，我敬你一丈』，没有哪个顾客愿意看到营业员爱理不理的后娘面孔，也不会有人欣赏那种千呼万唤不吭声的哑巴式营业作风。这种服务态度就是对顾客的不尊重，是一种缺乏诚意的经商作风。只有用真诚、有礼貌的服务才能使顾客心满意足，才能赢得回头客。台湾的一些企业已经注意到日本厂商靠精诚服务为企业赚了大钱，于是也纷纷适时开展精诚服务，使企业经营的业绩不断增长。目前我们内地的市场已由卖方市场转为买方市场，国营商店再不是『皇帝的女儿不愁嫁』了，最大限度地争取顾客已是大势所趋。冷冰冰的、毫无诚意的销售面孔只会把顾客推到别的商店去。因此要在商品竞争的大潮中战胜对手，立稳脚跟，必须树立『顾客至上』的意识，诚心诚意地提供最优质的服务，赢得所有顾客的满意。

杨奉董承双救驾

李傕、郭汜在长安作乱，汉献帝备受牵连，仓皇出奔，走到霸陵，又遇劫难。杨奉、董承听闻，迅速赶来救驾，与敌军在山涧大战。

行军篇第九

曹操曰：择便利而行也。〇王皙曰：行军当据地，便察敌情也。〇张预曰：知九地之变，然后可以择利而行军，故次《九变》。

原文 **孙子曰：凡处军①相敌②，**王皙曰：处军凡有四，相敌凡三十有一。〇张预曰：自绝山依谷，至伏奸之所处，则处军之事也。自敌近而静，至必谨察之，则相敌之事也。相，犹察也，料也。**绝山依谷③，**曹操曰：近水草利便也。〇李筌曰：军，我；敌，彼也。相其依止，则胜败之数，彼我之势可知也。绝山，守险也；谷近水草。夫列营垒，必先分卒守隘，纵畜牧，收樵采而后宁。〇杜牧曰：绝，过也；依，近也。言行军经过山险，须近谷而有水草之利也。吴子曰：『无当天灶大谷之口。』言不可当谷，但近谷而处可也。〇贾林曰：两军相当敌，宜择利而动。绝山，跨山；依谷，傍谷也。跨山无后患，依谷有水草也。〇梅尧臣曰：前为山所隔，则依谷以为固。〇王皙曰：绝，度也；依，谓附近耳。**视生处高④，**曹操曰：生者，阳也。〇李筌曰：向阳同生，在山曰高。生高之地可居也。○杜牧曰：言须处高而面南也。○梅尧臣曰：若在陵之上，必向阳而居；处高，乘便也。○张预曰：视生，谓面阳也；处军当在高阜。**战隆无登⑤**，曹操曰：无迎高也。○李筌曰：敌自高而下，我无登而取之。○杜牧曰：隆，高也。言敌人在高，我不可自下往高，迎敌人而接战也。一作战降无登。降，下也。○贾林同：战宜乘下，不可迎高也。○杜佑曰：无迎高也。谓山下也。战于山下，敌引之上山，无登逐也。**此处山之军也。**梅尧臣曰：处山当知此三者。○张预曰：凡高而崇者，皆谓之山。处山拒敌，以上三事为法。**绝水必远水；**曹操李筌曰：引敌使渡。○梅尧臣曰：前为水所隔，则远水以引敌。王晳曰：我绝水也。曹说是也。○张预曰：凡行军过水，欲舍止者，必去水稍远，一则引敌使渡，一则进退无碍。郭淮远水为阵，刘备悟之而不渡是也。**客⑥绝水而来，勿迎之于水内，令半济而击之⑦，利；**李筌曰：韩信杀龙且于潍水，夫概败楚子于清发是也。○杜牧曰：楚汉相持，项羽自击彭越，令其大司马曹咎守成皋。汉军挑战，咎涉汜水战。汉军候半涉，击，大破之。水内乃油也，误为内耳。**欲战者，无附于水而迎客⑧；**曹操曰：附，近也。○张预曰：我欲必战，勿近水迎敌，恐其不得渡；我不欲战，则阻水拒之，使不能济。晋将阳处父与楚将子上夹泜水而军。阳子退舍，欲使楚人渡；子上亦退舍，欲令晋师渡。遂皆不战而归。**视生处高，**曹操曰：水上亦当处其高也；前向水，后当依高而处之。○梅尧臣曰：水上亦据高而向阳。○张预曰：或岸边为阵，或水上泊舟，皆须面阳而居高。**无迎水流⑨，**曹操曰：恐溉我也。○李筌曰：恐溉我也。智伯灌赵襄子，光武溃王寻，迎水处高乃败之。○杜牧曰：水流就下，不可于卑下处军也。恐敌人开决，灌浸我也。上文云，视生处高也。诸葛武侯曰：『水上之阵，不逆其流。』此言我军舟船，亦不可泊于下流，言敌人得以乘流而薄我也。○张预曰：卑地勿居，恐决水溉我。舟战亦不可处下流，以彼沿我溯战不便也。兼虑敌人投毒于上流。楚令尹拒吴，卜战不吉。司马子鱼曰：『我得上流，何故不吉？』遂决战，果胜。是军须居上流也。**此处水上之军也。**梅尧臣曰：处水上当知此五者。○张预曰：凡近水为阵，皆谓水上之军。水上拒敌，以上五事为法。**绝斥泽⑩，惟亟去无留⑪；**陈皞曰：斥咸卤之地，水草恶，渐洳不可处军。《新训》曰：『地固斥泽，不生五谷』者是也。○贾林曰：咸卤之地，多无水草，不可久留。○梅尧臣曰：斥，远也。旷荡难守，故不可留。○王皙曰：斥，卤也。地广且下，而无所依。○张预曰：《刑法志》云：『山川沈斥。』颜师古注曰：『沈，深水之下；斥，咸卤之地。』然则斥泽谓瘠卤渐洳之所也。以其地气湿润，水草薄恶，故宜急过。**若交军于斥泽之中，必依水草而背众树⑫，**曹操曰：不得已与敌会于斥泽中。○杜牧曰：斥卤之地，草木不生，谓之飞锋。言于此忽遇敌，即须择有水草林木而止之。○王皙曰：猝与敌遇于此，亦必就利而背固也。○张预曰：不得已而会兵于此地，必依近水草，以便樵汲，背倚林木，以为险阻。**此处斥泽之军也。**梅尧臣曰：处斥泽，当知此二者。○张预曰：处斥泽之地，以上二事为法。**平陆处易，**曹操曰：车骑之利也。○杜牧曰：言于平陆，必择就其中但易平稳之处以处军，使我车骑得以驰逐。○王皙同曹操注。○何氏同杜牧注。○张预曰：平原广野，车骑之地，必择其坦易无坎陷之处以居军，所以利于驰突也。**而右背高⑬，前死后生⑭，**曹操曰：战便也。○李筌曰：夫人利用，皆便于右，是以背之。前死，致敌之地；后生，我自处。○贾林曰：岗阜曰生，战地曰死。后岗阜，处军稳；前临地，用兵便；高在右，回转顺也。〇梅尧臣曰：择其坦易，车骑便利；右背丘陵，势则有凭；前低后隆，战者所便。〇张预曰：虽是平陆，须有高阜，必右背之，所以恃为形势者也。前低后高，所以便乎奔击也。**此处平陆之军也。**梅尧臣曰：处平陆当知此二者。〇张预曰：居平陆之地，以上二事为法。**凡此四军⑮之利，**李筌曰：四者，山、水、斥泽、平陆也。〇张预曰：山、水、斥泽。平陆之四军也。〇诸葛亮曰：『山陆之战，不升其高；水上之战，不逆其流；草上之战，不涉其深；平地之战，不逆其虚。此兵之利也。』**黄帝之所以胜四帝也⑯。**曹操曰：黄帝始立，四方诸侯无不称帝，以此四地胜之也。〇李筌曰：黄帝始受兵法于风后，而灭四方，故曰胜四帝也。〇梅尧臣曰：四帝当为四军字之误欤？言黄帝得四者之利，处山则胜山，处水上则胜水上，处斥泽则胜斥泽，处平陆则胜平陆也。

注释 ①处军：行军、宿营、处置军队，即在各种不同地形条件下，军队行军、作战、驻扎诸方面的处置对策。处，处置、安顿、部署的意思。②相敌：即为观察、判断敌情。相，觇视、观察。③绝山依谷：指通过山地，要傍依山谷行进。绝，越度、穿越。④视生处高：视，看、审察，这里是面向的意思。生，生处、生地，此处指向阳地带。处高，即居高之意。视生处高，指面朝阳，居隆高之地。⑤战隆无登：此言在隆高之地与敌作战，不宜自下而上仰攻。隆，高地。登，攀登。⑥客：指敌军，下同。⑦勿迎之于水内，令半济而击之：此句谓不要在敌军刚到水边时迎击，而要让敌军渡到一半时发动攻击。此时敌军首尾不接，队列混乱，攻之容易取胜。迎，迎击。水内，水边。

楚霸王自刎乌江

楚汉之争中，张良命人作楚歌，在楚军营外夜夜歌唱，兵士思念故乡，无心作战，泪流纷纷。两军对峙，楚军大败，项羽行至乌江，见身后追兵已至，而身边部将所剩无几，仰天长叹，拔剑自刎。

济，渡。半济，指渡过一半。⑧无附于水而迎客：不要在挨近江河之处同敌人作战。无，勿。附，靠近。⑨无迎水流：即勿居下游。此指不要把军队驻扎在江河下游处，以防敌人决水、投毒。⑩绝斥泽：即通过盐碱沼泽地带。斥，盐碱地。泽，沼泽地。⑪惟亟去无留：意谓遇到盐碱沼泽地带，应当迅速离开，切莫停留驻军。惟，宜、应该。亟，急、迅速。去，离开。⑫必依水草而背众树：指一定要依近水草而背靠树林。依，依近。背，背靠、依托之意。⑬平陆处易，而右背高：指遇开阔地带，也应选择平坦之处安营，而把军队侧翼部署在高地之前，以高地为依托。平陆，开阔的平原地带。易，平坦之地。右背高，指军队侧翼要后背高地以为依托。右，指军队侧翼。⑭前死后生：即前低后高。本句意谓在平原地带作战，也要做到背靠山险而面向平地。生、死，此处指地势高低，以高为生，以低为死。⑮四军：指上述山地、江河、盐碱沼泽地、平原四种地形条件下的带兵原则。⑯黄帝之所以胜四帝也：这就是黄帝所以能战胜四方部族首领的缘由。黄帝是传说中的汉族祖先，部落联盟首领。传说他曾败炎帝于阪泉，诛蚩尤于涿鹿，北逐獯鬻，统一了黄河流域。四帝，四方之帝，即周边部族联盟的首领，一般代指炎帝、蚩尤等人。

譯文

孙子说：军队在行军、扎营、作战和观察、判断敌情时，都必须时时注意。通过山地时要沿着有水草的山谷行进；要在居高向阳、视野开阔的地方驻扎；不要去仰攻事先占领了高地的敌人。这是在山地军队部署的原则。横渡江河后，要在远离江河处驻扎；敌人渡河来战，不要在敌人刚入水就去迎击，而是让敌军渡过一半时再去进攻最为有利；想要同敌人决战，就不能紧靠水边列阵布兵；驻军也应当居高向阳，不要处于敌人的下游。这是在江河地带军队部署的原则。通过盐碱沼泽地带时，要迅速离开，不可停留；如果与敌人遭遇于盐碱沼泽地带，那就必须靠近水草，背靠树林。这是在盐碱沼泽地带军队部署的原则。在平原作战时，要占领开阔的地带，主要侧翼要依托高地，做到面向平易、背靠山险，前低后高。这是在平原地区军队部署的原则。以上这四种部署军队的原则的成功运用，正是黄帝之所以能战胜其他『四帝』（一说代指炎帝、蚩尤等四方之帝；一说指东方青帝、南方赤帝、西方白帝、北方黑帝）的原因。

釋例一

37年，武都参狼羌与塞外诸种作乱，杀死当地长史。马援率四千兵进击，到氐道县。羌在山上，马援的部队据便地，夺其水草，不与交战。羌遂穷困，数十万户逃亡塞外，诸种一万多人投降。于是陇右平静。羌不知依谷地之利。

释例二　前203年，项王领兵攻彭越，令大司马曹咎守成皋。项王令曹咎道：『如果汉兵挑战，切莫出战。』汉军果然屡次向楚军挑战，楚军不肯出战。汉军派人侮辱楚军。连续五六天，曹咎怒不可遏，出兵渡汜水击汉。楚兵渡水一半时，汉兵突击楚军，虏获楚军所有的物资。

释例三　222年，蒋济和魏大司马曹仁征吴。曹仁欲攻濡须洲中，蒋济说：『吴兵占据西岸，列船于江之上流，而我兵攻入洲中，是自陷入地狱，难免危亡。』曹仁不听，果然兵败而还。这是曹仁面迎水流作战之故。

释例四　约前26世纪，炎帝要侵犯欺侮其他部落，各部落全部归顺黄帝。黄帝就加强教化，整顿军队，调理五行关系，种植五谷，爱护百姓，安抚四方，训练以熊、罴、貔、貅、豹、虎为图腾的各部落，和炎帝在坂泉郊外开战。经过三次大战，黄帝终于取得了胜利。蚩尤叛乱，不遵守黄帝的命令。于是黄帝就从各部落中征集军队，跟蚩尤在涿鹿原野上激战，终于擒获并诛杀了蚩尤。黄帝富有谋略和勇武，他先争取各部落归心，同时做好战争部署，因此在坂泉大战中打败炎帝，统一中原，炎、黄两族开始融合。坂泉之战和涿鹿之战，都是在华夏族形成过程中具有重大意义的事件。黄帝的胜利，也就使炎黄两族以及部分九黎族结成一体，定居中原，共同开发黄河流域。

释例五　1206年，南宋将领毕再遇率领宋军同金兵作战，因金兵的增援部队越来越多，毕再遇感到寡不敌众，就决定撤退。

在同金兵作战中，毕再遇总是令宋军擂鼓不止。他认为，这样既可以威慑敌人，又能鼓舞宋军的士气。

在与众将商议撤退之事的时候，毕再遇说：『目前敌众我寡，不能再战，为保存我军实力，只有主动撤退。当然，撤退必须悄悄地进行。可是如果我们军营中没有了军鼓声，肯定会被敌人发现。我有一计，可以保证我军安全撤离。』

于是，宋军依毕再遇吩咐，找来许多羊，在临行之前，将羊倒吊在树上，让羊的两只前蹄抵在鼓面上。羊被吊得难受，就使劲挣扎，两只前蹄不停地乱动，这样宋营中鼓声齐响。宋军也不拔营，全部人马轻装简从，悄悄地撤离营地。金兵听到宋营鼓声不断，认为宋军仍在营中，依旧调兵遣将，准备大举进攻宋军。好几天过去了，宋营内只有鼓声，看不见人动，金将开始怀疑，赶紧派人侦察，这才发现击鼓的都是羊，宋军早已远走高飞了。金将如梦方醒，叹道：『我们中计了。』

释例六 唐玄宗执政的天宝年间，安禄山趁朝廷内部空虚腐败，率领部将史思明等人发动了叛乱，史称『安史之乱』。这场叛乱持续了八年之久，使得盛极一时的唐王朝开始衰落。

然而，叛乱并没有给作乱者带来什么好处，反而使他们的寿命缩短了很多，还留下了千古骂名。

安禄山原来就患有眼病，自从起兵以来，视力逐渐减退。他在洛阳称帝后不久，就双目失明了。因此，安禄山的性情变得非常暴躁，对身边侍从稍不满意，非打即骂。手下人稍有过失，就处以极刑。他称帝之后，深居内宫，手下将领很少能直接与他议事，都是通过谋士严庄转达。严庄虽然很受器重，也经常遭到安禄山鞭挞。安禄山手下的宦官李猪儿经常为他穿衣解带，服侍起居，挨打最多，心中怨气也最大。被安禄山宠幸的段氏夫人，生下一子名叫庆恩，非常受禄山宠爱，他常想以庆恩代替庆绪作为自己的接班人。

安庆绪整日担心自己被废，严庄也害怕宫中事变对自己不利。于是，严庄与安庆绪、李猪儿经过商量，准备谋害安禄山。

一天夜里，三个人悄悄地来到安禄山的住所。侍卫见是谋士严庄和太子安庆绪，谁也不敢轻举妄动。于是严庄和安庆绪提着刀站在帐外，李猪儿手持大刀冲进帐中，对准床上的安禄山的腹部猛砍一刀。安禄山平时习惯于把佩刀放在床头以防身，事前已被李猪儿悄悄拿走，这时他被砍了一刀，知道大事不好，连忙去摸刀，可他根本摸不着。就这样，安禄山很快就死于非命。安庆绪当即在他的床下挖了一个深坑，用毡子裹着他的尸体，连夜埋在了坑里。并且告诫宫中严加保密。

第二天一早，严庄对部下宣布：安禄山病危，军政大事都由太子安庆绪掌管。安庆绪随即登基，尊安禄山为太上皇，然后便发丧。

安庆绪杀死安禄山称帝以后，又与史思明产生了矛盾。于是他想找机会除掉史思明。

史思明围攻太原被唐将李光弼击退后，撤到范阳驻守，安庆绪封他为王，兼任范阳节度使。范阳本是安禄山的老巢，安禄山从长安和洛阳掠来的珍宝，多数都这里存放，此时已堆积如山。渐渐地，史思明开始恃富而骄，想把范阳据为己有，不想再受安庆绪的节制。

后来，安庆绪失去了洛阳，逃往邺郡。到了邺郡以后，他又开始四处征兵，田承嗣、蔡希德、武令珣等将先后投奔，唯独史思明既不派援兵，也不派使者来，安庆绪怀疑他有二心，于是派了安守忠、李立节、阿史那承庆三人，带五千骑兵来到范阳，打着征兵的旗号，实际上是想察看情况，准备偷袭。

史思明听说这几位重臣同时前来，知道对方可能不怀好意，于是在营帐之外事先设好埋伏，然后亲自率领数万士兵迎接使者。

他见到阿史那承庆和安守忠之后，立即下马施礼，十分殷勤。阿史那承庆等人见不好下手，只好随他进了范阳城。史思明将他们带进客厅，下令奏乐设宴，热情款待。大家正喝得高兴，史思明突然掷出一只酒杯，发出了信号，早已埋伏好的士兵一拥而入，将三人全部拿下，同时截住他们带来的队伍，分发了些钱财，让他们回家去了。

然后，史思明就向唐朝奉上归降书。唐肃宗十分高兴，立即加封史思明为归义王，兼范阳节度使，他的七个儿子也都被授予显赫的官位。

史思明受封之后，马上杀了安守忠和李立节，以表明自己的诚意。可是朝廷害怕他再次叛变，于是派人秘密监视。过了不到半年，朝廷监视他的事被泄露了出去，史思明认为朝廷对自己不信任，于是再次叛变。

同年，史思明杀死了安庆绪，并收编了他的部队，回到了范阳便号称大燕皇帝。

史思明击败了李光弼等人的讨伐后，乘胜攻打陕州，结果被唐军挡在姜子坂。史思明见出战不利，便决定退守永宁。他下令修筑三角城，以贮备军粮。他的儿子史朝义率军士苦干，城筑好以后，没来得及用泥涂抹外墙。史思明巡视到此，怒不可遏，把史朝义、骆悦等重将召到面前，想杀了他们以立军威。史朝义深知凶残的父亲完全不念父子之情，苦苦哀求说：『士兵太乏累，歇一歇马上就抹泥。』

史思明怒斥道：『你因为爱惜属下，就敢违抗我命令吗！』然后亲自监督士兵们抹泥。

临走的时候，史思明还冲着史朝义大骂：『等我打下陕州，一定要杀了你！』

史朝义大惊失色。骆悦等人力劝史朝义先下手杀了史思明。史朝义思考再三，点头表示同意。

当天夜里，史思明睡在营中，他的亲信曹将军负责守卫。史朝义等人对他说明行事目的，曹将军也不敢违抗。夜半时分，史思明从梦中惊醒。他平时很喜欢听优人唱曲，吃饭睡觉都有几个戏子在左右侍奉。由于他生性残忍，喜好杀戮，这些戏子也十分恨他。

见他惊醒，几个人忙问缘由，他说：『我刚才梦见河里的沙洲上有一群鹿涉水而至，鹿死水干。』说罢，就起身去解手。

几个戏子暗自说：『鹿，禄也；水，命也。看来他的命禄都到头了！』

正在这时，骆悦等人带刀闯入，不由分说就砍杀数人，逼问史思明的去处，众人忙指厕所方向。史思明闻听卧帐内响动不对，急忙翻墙而出，骑马刚跑到马槽处，就被人射中胳膊，滚落马下。

史思明忍住疼痛，问道：『何人造反？』

有人回答是怀王（史朝义）起事。史思明哀求说：『我早上说错了话，才有现在这等事。求你们不要这么快就杀我，待我攻陷长安再杀也不迟。』

骆悦挥手，命人把史思明捆个结实，囚禁在柳泉驿。史朝义即位后，为绝后患，骆悦等人用绳子勒死了史思明。这样，『安史之乱』的两名发起者都因为动辄杀人而被自己的儿子和部下杀死了。

原文 **凡军好高而恶下**①，梅尧臣曰：高则爽垲，所以安和，亦以便势；下则卑湿，所以生疾，亦以难战。○王皙曰：有降无登，且远水患也。○张预曰：居高则便于觇望，利于驰逐；处下则难以为固，易以生疾。**贵阳而贱阴**②，梅尧臣曰：处阳则明顺，处阴则晦逆。○王皙曰：久处阴湿之地，则生忧疾，且弊军器也。○张预曰：东南为阳，西北为阴。**养生而处实**③，曹操曰：恃满实也。养生向水草，可放牧养畜乘。实，犹高也。○梅尧臣曰：养生便水草，处实利粮道。○王皙曰：养生谓水草粮糒之属，处实者倚固之谓。○张预曰：养生谓就善水草放牧也。处实谓倚隆高之地以居也。**军无百疾，是谓必胜。**李筌曰：夫人处卑下必疠疾，惟高阳之地可居也。○杜牧曰：生者阳也；实者高也。言养之于高，则无卑湿阴翳，故百疾不生，然后必可胜也。○梅尧臣曰：能知上三者，则势胜可必，疾气不生。○张预曰：居高面阳，养生处厚，可以必胜；地气乾熯，故疾病不作。**丘陵堤防，必处其阳，而右背之。**杜牧曰：凡遇丘陵堤防之地，常居其东南也。○梅尧臣曰：虽非至高，亦当前向明而右依实。○王皙曰：处阳则人舒以和，器健似利也。○张预曰：面阳所以贵明显，背高所以为险固。**此兵之利，地之助也。**梅尧臣曰：兵所利者，得形势以为助。○张预曰：用兵之利，得地之助。**上雨，水沫至，欲涉者，待其定也**④。曹操曰：恐半涉而水遽涨也。○李筌曰：恐水暴涨。○杜牧曰：言过溪涧，见上流有沫，此乃上源有雨，待其沫尽水定，乃可涉；不尔，半涉，恐有瀑水卒至也。○杜佑曰：恐半渡水而遂涨。上雨，水当清而反浊沫至，此敌人权遏水之占也，欲以中绝军。凡地有水欲涨，沫先至，皆为绝军，当待其定也。○梅尧臣曰：流沫未定，恐有暴涨。○王皙曰：水涨则沫；涉，步济也。曹说是也。○张预曰：渡未及毕济，而大水忽至也。沫谓水上泡沤。**凡地，有绝涧⑤、天井⑥、天牢⑦、天罗⑧、天陷⑨、天隙⑩，必亟去之，勿近也。**曹操曰：山深水大者为绝涧，四（中）方高、中央下为天井，深山所过若蒙笼者为天牢，可以罗绝人者为天罗，地形陷者为天陷，山涧道迫狭、地形深数尺长数丈者为天隙。○梅尧臣曰：六害尚不可近，况可留乎？○王皙曰：皙谓绝涧当作绝天涧，脱天字耳。此六者皆自然之形也。牢谓如狱牢，罗谓如网罗也，陷谓沟坑淤泞之属，隙谓木石若隙罅之地，军行过此勿近，不然，则脱有不虞，智力无所施也。○张预曰：溪谷深峻，莫可过者为绝涧；外高中下，众水所归者为天井；山险环绕，所入者隘为天牢；林木纵横，葭苇隐蔽者为天罗；陂地泥泞，渐车凝骑者为天陷；道路迫狭，地多坑坎者为天隙。凡遇此地，宜远过不可近之。**吾远之，敌近之；吾迎之，敌背之。**曹操曰：用兵常远六害，令（令）敌近背之，则我利敌凶。○李筌曰：善用兵者，致敌之受害之地也。○杜牧曰：迎，向也；背，倚也。言遇此六害之地，吾远之向之，则进止自由；敌人近之倚之，则举动有阻。故我利而敌凶也。○梅尧臣曰：言六害当使我远而敌附，我向而敌倚，则我利敌凶。○张预曰：六害之地，我既远之向之，敌自近之倚之；我则行止有利，彼则进退多凶也。**军行有险阻、潢井⑪、葭苇⑫、山林、翳荟⑬者，必谨覆索之，此伏奸之所处也。**曹操曰：险者，一高一下之地；阻者，多水也。潢者，池也；井者，下也。葭苇者，众草所聚；山林者，众木所居也。翳荟者，可屏蔽之处也。此以上论地形也。以下相敌情也。○李筌曰：以下恐敌之奇伏诱诈也。○梅尧臣曰：险阻，隘也，山林之所产；潢井：下也，葭苇之所生。皆翳荟足以蒙蔽。当掩搜，恐有伏兵。○张预曰：险阻，丘阜之地，多生山林；潢井，卑下之处，多产葭苇。皆翳荟可以蒙蔽。必降索之，恐兵伏其中。又虑奸细潜隐，觇我虚实，听我号令，伏奸当为两事。

注释　①好高而恶下：即喜欢高处而讨厌低处。好，喜欢。恶，讨厌。②贵阳而贱阴：此句意谓看重向阳之处而卑视阴湿地带。贵，重视。阳，向阳干燥的地方。贱，轻视。阴，背阴潮湿的地方。③养生而处实：指军队要选择水草和粮食充足、物资供给方便的地域驻扎。养生，指水草丰盛、粮食充足，能使人马得以休养生息。处实，指军需物资供应便利。④上雨，水沫至，欲涉者，待其定也：上，指上游。沫，水上草木碎末。涉，原意谓徒步淌水，这里代指渡水。定，指水势平稳。⑤绝涧：指两岸峻峭、水流其间的险恶地形。⑥天井：指四周高峻、中间低洼的地形。⑦天牢：天牢是对山险环绕、易进难出的地形的形象描述。牢，牢狱。⑧天罗：指荆棘丛生、军队进入后如陷罗网无法摆脱的地形。罗，罗网。⑨天陷：指地势低洼、泥泞易陷的地带。陷，陷阱。⑩天隙：指两山之间狭窄难行的谷地。隙，狭隙。⑪潢井：即指积水低洼之地。潢，积水池。井，指内涝积水、洼陷之地。⑫葭苇：芦苇，这里代指水草丛聚之地。⑬山林、翳荟：指山林森然，草木繁茂。

譯文 在一般情况下驻军，总是喜欢选择干燥的高地，避开潮湿的洼地；重视向阳之处，厌恶阴暗之处；靠近水草丰茂、军需给养充足的地方，将士们则百病不染，这样就有了胜利的依仗。在丘陵堤防地带，必须占据它向阳的一面，而以侧翼兵力背靠着它。这些对于用兵有利的措施，都是以地形条件做辅助而完成的。上游降雨，洪水突至，若要涉水过河，应等水流平稳之后再过。凡是遇到绝涧、天井、天牢、天罗、天陷、天隙这样的地形，必须迅速远离，切不要靠近；要使自己远离这些地形，而让敌人靠近它；使自己面向这些地形，而让敌人背靠它。军队行军和驻扎的附近有险峻的道路、湖泊沼泽、芦苇、山林和草木茂盛的地形，必须谨慎地反复搜索，这些都是敌人可能设下埋伏和隐藏奸细的地方。

释例七 745年，唐将段秀实随封常清统帅征讨大勃律，到贺萨劳城与敌军交战，屡败敌军。常清下令追击逃敌，段秀实说：『敌人用羸弱兵马接仗，又屡败，这是诱我，请下令搜索左右山林。』常清下令搜索，果然搜到伏兵，遂大举进攻，大破敌军。

原文 **敌近而静者，恃其险也；**梅尧臣曰：近而不动，倚险故也。○王皙曰：恃险故不恐也。**远而挑战者，欲人之进也。**杜牧曰：若近以挑我，则有相薄之势，恐我不进，故远也。○陈皞曰：敌人相近而不挑战，恃其守险也。若远而挑战者，欲诱我使进，然后乘利而奋击也。○尉缭子曰：『分险名大战心。』言敌人先分得险地，则我勿与之战也。又曰：『挑战考无三气。』言相去远则挑战；而延诱我进，即不可以全气击之，与此法同也。**其所居易①者，利也。**曹操曰：所居利也。○李筌曰：居易（勿）之地，致人之利。○杜牧曰：言敌不居险阻，而居平易，必有以便利于事也。一本云：士争其所居者，易利也。○梅尧臣曰：所居易利，故来挑战王皙同曹操注。○张预曰：敌人舍险而居易者，必有利也。或曰：敌欲人之进，故处于平易，以示利而诱我也。**众树动者，来也；**曹操曰：斩伐树木，除道进来，故动。○梅尧臣同曹操注。○张预曰：凡军必遣善视者登高觇敌，若见林木动摇者，是斩木除道而来也。或曰：不止除道，亦将为兵器也。若晋人伐木益兵是也。**众草多障者，疑②也；**曹操曰：结草为障，欲使我疑也。○杜牧曰：言敌人或营垒未成，或拔军潜去，恐我来追，或为掩袭，故结草使往往相聚，如有人伏藏之状，使我疑而不敢进也。○杜佑曰：结草多障，欲使我度稠草中。多障蔽者，敌必避去，恐追及，多作障蔽，使人疑有伏焉。**鸟起者，伏③也；**曹操曰：鸟起其上，下有伏兵。○李筌曰：藏兵曰伏。○杜佑曰：

刘玄德救孔融

刘备往徐州救孔融，路遇曹军。孔融等人依山扎寨，候刘备等人到来，靠地势与曹军对阵。

孙子兵法

下有伏兵往藏，触鸟而惊起也。○张预曰：鸟适平飞，至彼忽高起者，下有伏兵也。**兽骇者，覆也**④。曹操曰：敌广阵张翼，来覆我也。○李筌曰：不意而至曰覆。○杜牧曰：凡故欲覆我，必由他道险阻林木之中，故驱起伏兽骇逸也。覆者，来袭我也。○陈皞曰：覆者，谓隐于林木之内，潜来掩我。候两军战酣，或出其左右，或出其前后，若惊骇伏兽也。○梅尧臣曰：兽惊而奔，旁有覆。○张预曰：凡欲掩覆人者，必由险阻草木中来，故惊起伏兽奔骇也。**尘高而锐者，车来也**⑤；杜牧曰：车马行疾，仍须单贯，故尘高而尖。○杜佑曰：车马行疾，尘相冲，故高也。○梅尧臣曰：蹄轮势重，尘必高锐。○张预曰：车马行疾而势重，又辙迹相次而进，故尘埃高起而锐直也。尽军行须有探候之人在前，若见敌尘，必驰报主将。如潘党望晋尘，使骋而告是也。**卑而广者，徒来也**⑥；杜牧曰：步人行迟，可以并列，故尘低而阔也。○梅尧臣曰：人步低轻，尘必卑广。○王皙曰：车马起尘猛，步人则差缓也。○张预曰：徒步行缓而迹轻，又行列疏远，故尘低而来。**散而条达者，樵采也**⑦；李筌曰：烟尘之候，晋师伐齐，曳柴从之。齐人登山，望而畏其众，乃夜遁。薪来即其义也。此筌以樵采上字为薪来字。○杜牧曰：樵采者，各随所向，故尘埃散衍。条达，纵胁绝貌也。○梅尧臣曰：樵采随处，尘必纵横王皙曰：条达，纤微断续之貌。○张预曰：分遣厮疫，随处樵采，故尘埃散乱而成隧道。**少而往来者，营军也**；杜牧曰：欲立营垒，以轻兵往来为斥候，故尘少也。○梅尧臣曰：轻兵走营，往来尘少。○张预曰：凡分栅营者，必遣轻骑，四面近视其地，欲周知险易广狭之形，故尘微而来。**辞卑而益备者，进也**⑧；曹操曰：其使来卑辞，使间视之，敌人增备也。○梅尧臣曰：欲进者，外则卑辞，内则益备，款我也。**辞强而进驱者，退也**；曹操曰：诡诈也。○杜佑曰：诡诈驱驰，示无所畏，是知欲退也。○梅尧臣曰：欲退者使既词壮，兵又强进，胁我也。○王皙曰：辞强示进形，欲我不虞其去也。**轻车先出居其侧者，陈也**⑨；曹操曰：陈兵欲战也。○杜牧曰：出轻车，先定战阵疆界也。○贾林曰：轻车前御，欲结阵而来也。○张预曰：轻车，战车也。出军其旁，阵兵欲战也。按鱼丽之阵，先偏后伍，言以车居前，以伍次之。然则是欲战者，车先出其侧也。**无约而请和者，谋也**⑩；李筌曰：无质盟之约请和者，必有谋于人。田单诈骑劫，纪信诳项羽，即其义也。○杜佑曰：未有要约而便来请和、有间谍也。○梅尧臣曰：无约请和，必有奸谋。○王皙曰：无故骤请和者，宜防他谋也。○张预曰：无故请和，必有好谋。汉高祖欲击秦军，使郦食其持重宝啖其将贾竖，秦将果欲连和。高祖因其怠而击之，秦师大败。又晋将李矩守荥阳，刘畅以三万人讨之。矩遣使奉牛酒请降，潜匿精兵，见其弱卒。畅大飨土卒，人皆醉饱。矩夜袭之，畅仅以身免。**奔走而陈兵车者，期也**⑪；李筌曰：战有期及将用，是以奔走之。○杜牧曰：上文轻车先出，居之其侧者，阵也，盖先出车定战场界，立旗为表，奔走赴表；以为阵也。旗者，期也；与民期于下也。周礼·大蒐曰：『车骤徒趋，及表乃止』是也。○贾林曰：寻常之期不合奔走，必有远兵相应；有晷刻之期，必欲合势同来攻我，宜速备之。○梅尧臣曰：立旗为表，奔以赴列。○王皙曰：阵而期民，将求战也。○张预曰：立旗为表，与民期于下，故奔走以赴之。《周礼》曰：『车骤徒趋，及表乃止』是也。**半进半退者，诱也**；李筌曰：散于前。○杜牧曰：伪为杂乱不整之状，诱我使进也。○梅尧臣曰：进退不一，欲以诱我。○王皙曰：诡乱形也。○张预曰：诈为乱形，是诱我也。若吴子以囚徒示不整，以诱楚师之类也。**杖而立者，饥也**⑫；李筌曰：困不能齐。○杜牧曰：不食必困，故杖也。一本从此仗字。○杜佑曰：倚仗矛朝而立者，饥之意。○梅尧臣曰：倚兵而立者，足见饥弊之色。○王皙曰：倚仗者，困馁之相。○张预曰：凡人不食则困，故倚兵器而立。三军饮食，上下同时，故一人饥，则三军皆然**汲而先饮者，渴也**⑬；李筌曰：汲未至先饮者，士卒之渴。○杜牧曰：命之汲水，未及而先取者，渴也。睹一人，三军可知也。○梅尧臣同杜牧注。○王皙曰：以此见其众行驱饥渴也。○张预曰：汲者未及归营，而先饮水，是三军渴也。**见利而不进者，劳也**。曹操曰：士卒之疲劳也。○李筌曰：士卒难用也。○杜佑曰：士疲倦也。敌人来，见我利而不能击进者，疲劳也。○梅尧臣曰：人其困乏，何利之趋！○张预曰：士卒疲劳，不可使战，故虽见利，将不敢进也。**鸟集者，虚也**；李筌曰：城上有乌，师其遁也。○杜牧曰：设留形而遁。齐与晋相持，叔向曰：『乌乌之声乐，齐师其遁。』后周齐王宪伐高齐，将班师，乃以柏叶为幕，烧粪壤去。高齐视之，二日乃知其空营，追之不及。此乃设留形而遁走也。〇梅尧臣曰：敌人既去，营垒空虚，乌乌无猜，来集其上。**夜呼者，恐也；**曹操曰：军士夜呼，将不勇也。〇李筌曰：士卒怯而将懦，故惊恐相呼。〇杜牧曰：恐惧不安，故夜呼以自壮也。〇陈皞曰：十人中一人有勇，虽九人怯懦，恃一人之勇，亦可自安。今军士夜呼，盖是将无勇。曹说是也。〇张预曰：三军以将为主。将无胆勇，不能安众，故士卒恐惧而夜呼。若晋军终夜有声是也。**军扰者，将不重也；**李筌曰：将无威重则军扰。〇杜牧曰：言进退举止，轻桃率易，无威重，军士亦扰乱也。〇张预曰：军中多惊扰者，将不持重也。张辽屯长社，夜，军中忽乱，一军尽扰，辽谓左右勿动，是必有造变者，欲以动乱人耳。乃令军大安坐，辽中阵而立，有顷即定。此则能持重也。**旌旗动者，乱也；**杜牧曰：鲁庄公败齐于长勺，曹刿请逐之。公曰：『若何？』对曰：『视其辙乱而旗靡，故逐之。』〇杜佑曰：旌旗谬动，抵东触西倾倚者，乱也。〇梅尧臣曰：旌旗辄动，僵亚不次，无纪律也。〇张预曰：旌旗所以齐众也；而动摇无定，是部伍杂乱也。**吏怒者，倦也；**杜牧曰：众悉倦弊，故吏不畏而忿怒也。〇陈皞曰：将兴不急之役，故人人倦弊也。〇贾林曰：人困则多怒。〇梅尧臣曰：吏士倦烦，怒不畏避也。〇张预曰：政令不一，则人情倦，故吏多怒也。晋楚相攻，晋稗将赵旃、魏锜怒而欲败晋军，皆奉命于楚。郤克曰：『二憾往矣，弗备必败』是也。**粟马肉食⑭，军无悬缻⑮，不返其舍⑯者，穷寇也；**一云：杀马肉食者，军无粮也；军无悬缻，不返其舍者，穷寇也。李筌曰：杀其马而食肉，故曰军无粮也。不返舍者，穷迫不及灶也。〇杜牧曰：粟马，言以粮谷秣马也。肉食者，杀牛马飨士也。军无悬缻者，悉破之，示不复炊也。不返其舍者，昼夜结部伍也。如此皆是穷寇，必欲决一战尔。缻音府，炊器也。**谆谆翕翕⑰，徐与人言者⑱，失众也；**曹操曰：谆谆，语貌；翕翕，失志貌。○李筌曰：谆谆翕翕，窃语貌。士卒之心恐，上则私语而言，是失众也。○贾林曰：谆谆，窃议貌；翕翕，不安貌；徐与人言，递相问貌。如此者，必散失部曲也。○梅尧臣曰：谆谆，吐诚恳也；翕翕，旷职事也；缓言，强安恐众离也。○何氏曰：两人窃语，诽议主将者也。**数赏者，窘也；**李筌曰：窘则数赏以劝进。○杜牧曰：势力穷窘，恐众为叛，数赏以悦之。○孟氏曰：军实窘也。恐士卒心怠，故别行小惠也。○王皙曰：众窘而不和裕，则数赏以悦之。○张预曰：势窘则易离，故屡赏以抚士。**数罚者，困也；**李筌曰：困则数罚以励土。○杜牧曰：人力困弊，不畏刑罚，故数罚以惧之。○梅尧臣曰：人弊不堪命，屡罚以立威。**先暴而后畏其众者，不精之至也；**曹操曰：先轻敌，后闻其众，则心恶之也。○李筌曰：先轻后畏，是勇而无刚者，不精之甚也。○杜牧曰：料敌不精之甚。○何氏曰：宽猛相济，精于将事也。○张预曰：先轻敌，后畏人。或曰：先刻暴御下，后畏众叛己，是用威行爱，不精之甚。故上文以数赏数罚而言也。**来委谢者⑲，欲休息也。**李筌曰：徐前而疾后曰委谢。○杜牧曰：所以委质来谢，此乃势已穷，或有他故，必欲休息也。○贾林曰：气委而言谢者，欲求两解。○杜佑曰：战未相伏，而下意气相委谢者，欲休息也。**兵怒而相迎，久而不合⑳，又不相去，必谨察之。**曹操曰：备奇伏也。○李筌曰：是军必有奇伏，须谨察之。○杜牧曰：盛怒出阵，久不交刃，复不解去，有所待也；当谨伺察之，恐有奇伏旁起也。○张预曰：勇怒而来，既不合战，又不引退，当密伺之，必有奇伏也。

张辽大战逍遥津

孙权带十万兵攻合肥，久攻不下，只好撤退，谁料在逍遥津附近遭到张辽的伏击。张辽威猛异常，经此战役后声名大振，江东小儿夜里都不敢哭泣，恐张辽到来。

注释

①易：平易，指平地。②疑：使动用法，使迷惑、使困惑之意。③伏：埋伏、伏兵。④兽骇者，覆也：野兽受惊奔跑，这是敌军大举袭来。骇，惊骇、受惊。覆，倾覆、覆没之意，引申为铺天盖地而来。⑤尘高而锐者，车来也：尘土高扬笔直上升，这是敌人兵车驰来。锐，锐直、笔直。车，兵车。⑥卑而广者，徒来也：尘土低而宽广，这是敌人的步兵开来。卑，低下。广，宽广。徒，步兵。⑦散而条达者，樵采也：尘土散漫而有致，时断时续，这是敌人在砍薪伐柴。条达，指飞扬的尘土分散而有致。⑧辞卑而益备者，进也：敌人措辞谦卑恭顺，同时又加强战备，这表明敌人准备进犯。卑，卑谦、恭敬。益，增加、更加之意。⑨轻车先出居其侧者，陈也：此句意谓战车先摆在侧翼，是在布列阵势。轻车，战车。陈，同『阵』，即布阵。⑩无约而请和者，谋也：敌人还没有陷入困境就主动前来请和，其中必有阴谋。约，困屈、受制之意。⑪奔走而陈兵车者，期也：敌人急速奔走、摆

开兵车阵势的，是期求与我进行作战。期，期求。⑫杖而立者，饥也：言倚着兵器而站立，是饥饿的表现。杖，同『仗』，扶、倚仗的意思。⑬汲而先饮者，渴也：取水的人自己先喝，这是干渴的表现。汲，汲水、打水。⑭粟马肉食：粟，粮谷，这里作动词用，意谓喂马。粟马肉食，拿粮食喂马，杀牲口食肉。⑮军无悬缻：此句言敌军已收拾起了炊具。缻同『缶』，汲水用的罐子，代指炊具。⑯舍：指军营。⑰谆谆翕翕：恳切和顺的样子。⑱徐与人言者：意谓语调和缓地同士卒商谈。徐，徐缓温和的样子。人，此处指士卒。⑲委谢者：委派人质来赔礼的。谢，道歉、谢罪。⑳久而不合：即久而不战之意。合，指交战。

譯文

敌人逼近而保持安静的，它是倚仗自己占领着险要地形；敌人距离我们很远而前来挑战的，是想引诱我军前进；敌人有意驻扎在平坦地带，是有利于同我军决战；许多树木摇曳摆动，这是敌人前来袭击；草丛中有许多遮障物，是敌人布下的疑阵；群鸟惊飞，肯定是下面有伏兵；野兽惊骇逃跑，是敌人大举进袭；尘土飞扬得又高又尖，是敌人的战车来了；尘土飞扬得低而宽广，是敌人的步兵来了；尘土稀散、缕缕上扬，是敌人正在砍柴；尘土较少且时起时落，是敌人正在安营扎寨。敌人的使者措辞谦卑而又在加紧战备的，是准备进攻；敌人的使者措辞强硬且军队做出进攻姿态的，是准备撤退；敌人的战车先出动部署在两翼的，是在布兵列阵；敌人尚未受挫而主动来讲和的，必定另有阴谋；敌军急速奔跑并排兵列阵，是期待与我决战；敌军半进半退的，是企图引诱我军。敌兵倚靠兵器站立，是饥饿的表现；敌兵打水自己先喝，是干渴的表现；眼见有利但不进兵争夺的，是疲劳的表现；营寨上空飞鸟云集，说明下面是空营；敌军夜间惊慌喊叫，是内心恐惧的征兆；敌营惊扰纷乱，是敌将没有威严的表现；敌阵旗帜摇动不整齐，是因为队伍已经混乱；敌军军官容易发怒，是全军疲劳的征兆；敌军杀马吃肉的，是军中没有粮食了；敌军收拾炊具，士卒不再返回营房的，是准备拼死突围。敌将忍气吞声同部下讲话，表明他已失去了人心；敌将不断犒赏士卒，表明敌军已穷途末路了；敌将不断惩罚部属的，是敌军处境困难的表现；原先对部下粗暴凶狠，后来又害怕部下的，是最不精明的将领。敌人派使者来送礼言好，是他们想休兵息战；对气势汹汹地同我对阵、长时间不与我交锋而又不撤退的敌人，必须谨慎地观察了解他的意图。

釋例八（一）409年，晋刘裕围南燕慕容超于广固。慕容超派张纲去秦国求援。秦王姚兴答应发兵。不久，来一秦使，传话刘裕道：『慕容氏与秦相邻，素来和好，今晋军无端进攻，秦已派铁骑十万，行次洛阳，若晋军不还，便当长驱直进了。』裕怒答道：『你回去告诉姚兴，我平燕后，便当来取关洛，若姚兴自愿送死，尽管速来。』秦使自去。参军刘穆之入白道：『公为甚挑动敌人发怒？现在广固还没攻克，再来羌寇，敢问公将如何抵御？』裕笑道：『这是兵机，非你所解。试想姚兴果肯救燕，必怕我知，怎能先遣使者告我，令我预防？这是姚兴见我伐燕，心怀恐惧，自强之辞，明明是虚声吓人，不足为虑。』

秦王果然没发援兵，刘裕遂攻进广固，擒慕容超。

（二）前615年12月，秦伯攻打晋国，晋人发兵抵御。赵盾率领中军，郤缺率领上军，栾盾率领下军，在河曲（今山西永济）迎战秦军。上军辅佐臾骈说：『秦军不能持久，请高筑军垒巩固军营等着他们。』赵盾听从了他的意见。双方刚一接触就彼此退兵。秦国的使者夜里告诉晋国军队说：『我们两国国君的将士都没有打痛快，明天请再相见。』臾骈说：『使者眼珠子转动而声音失常，这是害怕我们，打算逃走了。把他们逼到黄河边上，一定可以打败他们。』胥甲、赵穿挡住营门大喊说：『死伤的人还没有收拢而把他们丢弃，这是不仁慈。不等到约定的日期而把人逼到险地，这是没有勇气。』于是就停止出击。而秦军则趁夜逃走。

釋例九（一）前207年，汉王刘邦欲击秦军，用张良计谋，派郦食其和陆贾去游说秦将贾竖，用重宝引诱，秦将愿与汉王联合。汉王乘秦将懈怠，突袭武关，攻破武关。

（二）787年，吐蕃尚结赞在得到盐州、夏州以后，率军来至鸣沙县驻扎。转入春天以后，羊马多数死去，粮食运输供给不上，又听说李晟攻克摧沙堡，马燧、浑瑊等人各自起兵亲临鸣沙，尚结赞大为恐惧，屡次派遣使者请求和好，德宗没有答应他。于是尚结赞派遣使者以谦卑的辞令和丰厚的礼物向马燧求和，而且请求遵守清水会盟约定。马燧相信了尚结赞的说法，留在石州屯扎下来，不再渡过黄河，还替尚结赞向朝廷请求。

尚结赞急忙从鸣沙带领军队退回。

原文

兵非益多也①，曹操曰：权力均。一云，兵非贵益多。○贾林曰：不贵众击寡，所贵寡击众。○王皙曰：皙谓权力均足矣，不以多为益。**惟无武进**②，曹操曰：未见便也。○张预曰：武，刚也。未能用刚武以轻进，谓未见利也。**足以并力、料敌、取人而已**③；曹操曰：厮养足也。○李筌曰：兵众武，用力均，惟得人者胜也。○陈皞曰：言我兵力不多于敌，又无利便可进，不必他国乞师，但于厮养中并力取人，亦可破敌也。○贾林曰：虽无武勇之力而轻进，足以智谋料敌、并力而取敌人也。**夫惟无虑而易敌**④**者，必擒于人。**杜牧曰：无有深谋远虑，但恃一夫之勇，轻易不顾者，必为敌人所擒也。○王皙曰：唯不能料敌，但以武进，则必为敌所擒，明患不在于不多也。○张预曰：不能料人，反轻敌以武进，必为人所擒也。齐晋相攻，齐侯曰：『吾姑灭此而朝食。』不介马而驰之，为晋所败是也。

卒未亲附而罚之，则不服，不服则难用也；杜牧曰：恩信未洽，不可以刑罚齐之。○梅尧臣曰：傅，至也。德以至之，恩以亲之；恩德未敷，罚则不服，故怨而难使。○王皙曰：恩信非素浃洽于人心，未附也。**卒已亲附而罚不行，则不可用也。**曹操曰：恩信已洽，若无刑罚，则骄情难用也。○梅尧臣曰：恩德既洽，刑罚不行，则骄不可用。○王皙曰：所谓若骄子也。○张预曰：恩信素洽，士心已附，刑罚宽缓，则骄不可用也。**故令之以文，齐之以武**⑤，曹操曰：文，仁也；武，法也。○李筌曰：文，仁恩；武，威罚。○杜牧曰：晏子举司马穰苴文能附众，武能威敌也。○王皙曰：吴起云：『总文武者，军之将兼刚柔者，兵之事也。』**是谓必取。**杜牧曰：文武既行，必也取胜。○梅尧臣曰：令以仁恩，齐以威刑，恩威并著，则能必胜。**令素行以教其民⑥，则民服；**梅尧臣曰：素，旧也。威令旧立，教乃听服。○张预曰：将令素行，其民已信，教而用之，人人听服。**令不素行以教其民，则民不服。**王皙曰：民不素教，难卒为用。○何氏曰：人既失训，安得服教？**令素行者，与众相得也⑦。**杜牧曰：素，先也。言为将居常无事之时，须恩信威令先著于人，然后对敌之时，行令立法，人人信伏。○梅尧臣曰：信服已久，何事不从？○王皙曰：知此者，始可言其并力胜敌矣。○张预曰：上以信使民，民以信服上，是上下相得也。

注释 ①兵非益多也：兵员并不是越多越好。益多，即很多。益，更加。②惟无武进：意谓只是不要恃武冒进。惟，独、只是。武进，恃勇轻进。③足以并力、料敌、取人而已：指能做到集中兵力、正确判断敌情、争取人心则足矣。并力，集中兵力。料敌，观察判断敌情。取人，争取人心，善于用人。④无虑而易敌：没有深谋远虑而无端蔑视对手。易，轻视、蔑视。⑤故令之以文，齐之以武：此句的意思是用政治、道义来教育士卒，用军纪军法来统一、整饬部队。令，教育。文，指政治道义。齐，整饬、规范。武，指军纪军法。⑥令素行以教其民：令，法令、规章。素，平常、平时。行，实行、执行。民，这里主要指士卒、军队。⑦令素行者，与众相得也：意谓军纪军令平素能够顺利执行的，是因为军队统帅同兵卒之间相处融洽。相得，指关系融洽。得，亲和。

譯文 兵力并不在于愈多愈好，只要不轻敌不武断冒进，集中兵力，判明敌情，取得部下的信任和支持，也就足够了。那种没有深谋远虑又自负轻敌的人，一定会被敌人俘虏。

士卒还没有亲近归附就施行惩罚，他们就会不服，士卒心不服就很难指挥使用；士卒已经亲近归附了仍不执行军法军纪，也无法指挥使用。所以，用怀柔宽仁的手段去教育士卒，用严格的军纪军法去管束士卒，这样必定会取得部下的拥戴和敬畏。平时管教士卒严格执行命令，士卒就能养成服从命令的习惯；平素不重视严格执行命令管教士卒，士卒就无法养成服从的习惯。平时的命令能得到贯彻执行，这表明将帅与兵卒之间相处融洽，互相信任。

釋例十 前6世纪，齐景公的时候，晋、燕两国入侵齐国，齐国的军队都打了败仗。齐相晏婴推荐田穰苴给景公，说道：『穰苴的文德好，能使大众归心服从；武略高，可让敌人畏惧，希望君上能用他。』

齐景公与穰苴共商军略大事，觉得很满意，立即任命他为将军，率兵去抵抗燕、晋两国的军队。穰苴对军士们的驻地营舍、水井火灶、三餐饮食以及疾病医药等事，都亲自去探视抚慰。把将军的用物粮食全部拿来给士兵分享，自己和士兵们吃同样的伙食。把疲困病弱的人统计好安置在一处，其余的三天之后重新整训，准备出战。结果连病弱的人都要求加入行列，大家都奋勇争取前去应战杀敌。晋军方面得知了这种情况，只好撤了回去；燕军也因此渡过黄河向北退散而去。于是齐兵趁势追击，终于收复了所有沦陷的领土。

释例十一 （一）231年，诸葛亮统兵复出祁山，与魏将张郃交战。蜀汉的参佐建议因敌众我寡，应把遣归的士卒暂留一月，增长实力。诸葛亮说：『吾统武行师，以大信为本。去者束装以待期，妻子鹤望而计日，虽临征难，义所不废。』都催促归去。于是应归的感激，愿留一战。临战之日，莫不拔刀争先，以一当十，大破魏军。并于退军途中射杀张郃。

（二）萨拉丁是阿拉伯十二世纪后半期抵抗基督教十字军侵略的著名将领。1187年7月，萨拉丁率领阿拉伯联军抵达太巴列湖区，准备向十字军在巴勒斯坦扶植的四个拉丁国家（耶路撒冷、安条克、埃德萨、特里波里）发起进攻。耶路撒冷国王盖氏联合雷蒙德等十字军将领，动员一万多兵力，进行抵抗。萨拉丁的军队当时后面是太巴列湖，如果战败将是死路一条。而十字军若战败可退守太巴列城。望着太巴列湖的碧水，萨拉丁苦思良久，想出一条调虎离山之计。太巴列城是巴勒斯坦的重镇也是十字军的主要据点，在它的西面是一片干旱的无水地带。萨拉丁想通过围攻太巴列城诱使敌人从耶路撒冷出走前来救援，随后断其退路，将十字军困死在荒原上。

阿拉伯联军首先对太巴列城发动猛烈的进攻。雷蒙德主张固守城池，造成萨拉丁长期屯兵城下，进退两难。但盖氏固执己见，率领大队人马到太巴列城救援。这夜晚，累了一天的盖氏十字军在一个高原斜坡上休息，他们口干舌燥，疲惫不堪。这里正是萨拉丁布下的埋伏圈。夜半时分，四面响起阿拉伯联军的呐喊声，借着施放烟雾。天明，盖氏欲和萨拉丁决一死战，但萨拉丁只是开弓放箭，施放烟雾，并不与敌交锋。当又一个夜晚降临时，萨拉丁命令士兵在伏击圈周围点起大火。盖氏的十字军早已被烟熏得毫无战斗力，见到冲天大火，知道取胜无望，于是举手投降。萨拉丁指挥的这一战役给十字军侵略者以毁火性的打击。

（三）刘秀称帝之后，派建威将军耿弇讨伐张步。耿弇首先同张步手下的大将费邑对垒，双方摆出了大打的阵势。

耿弇看到费邑的军队兵强马壮，如果正面交手，一时很难取胜，于是想出了调虎离山的计策。

耿弇派大军包围了费邑的弟弟费敢防守的巨里，大张旗鼓地做攻城的准备工作，声称三天后全力攻城，并故意放走一些俘虏，让他们把这个消息带给费邑。

费邑听说弟弟有难，果然率三万精兵向巨里杀来。耿弇高兴地对部将们说：『我们赶制攻城器械，不过是大造声势，把费邑引诱到这里伏击他。现在他来了，准备迎战吧！』随后，耿弇派三千人牵制巨里的敌军，将主力部队部署在有利的地势上，严阵以待。费邑的大军刚到，还没站稳脚根，就遭到耿弇军队的袭击，队伍被冲得七零八落，费邑死在乱军之中。费敢听说哥哥战死了，不再死守巨里，偷偷弃城而去。

耿弇佯攻巨里，使得费邑离开自己的巢穴前来增援。这一调虎离山的计谋，导致费邑的三万大军全部被歼。如果当初硬拼，那么取胜者很难说是耿弇了。

（四）南宋初年，刘忠拥兵数万，占据了薪阳白面山，与朝廷为敌。韩世忠奉令征讨刘忠。

韩世忠统兵来到白面山之下，看到刘忠的防守很坚固，就下令结营扎寨，不许出战。就这样对峙了几天，韩世忠每日下棋喝酒，似乎无心打仗，众将士感到很奇怪。其实，韩世忠已派出细作查探敌人的情况，正在心中谋划胜敌之策。他嫌细作探明的敌情不够详细，于是在一天夜里带领一名部将偷偷到敌营附近巡察。四周看过一遍之后，韩世忠对部将说：『真是天助我也，我已有破敌妙计了！』

回营后，韩世忠派出两千精兵趁着夜幕埋伏于白面山下。自己则率众将士拔营，向刘忠发起突然袭击。刘忠仓促应战，感到兵力不足，就把山上的兵马全都调集过来。这时那两千精兵乘山上空虚，迅速占领了中军了望台。正和韩世忠激战的刘忠部卒见中军了望台上插满了官军的旗帜，知后方已失守，军心很快涣散，许多士兵争相奔逃。刘忠最后死于非命。

韩世忠谋而后动，巧施调虎离山之计，先让敌人后方易帜，形成前后合击之势，一举攻破坚固的防线。

（五）战国时，秦国派兵攻打赵国。赵国名将廉颇凭着长平关易守难攻的险要地势，屡次挫败秦军。

秦国将坚守长平关的廉颇视为眼中钉、肉中刺，精心设计了反间计，使赵王对廉颇起了疑心，将廉颇撤换下来，派去了毫无实战经验、只会纸上谈兵的赵括。

秦将白起为了引诱赵括离开长平关，故意打了几个败仗后就退走。赵括求胜心切，轻率地杀出长平关，出城追击秦军，结果进入了秦军的埋伏圈。白起将赵括的四十万大军断成两段，分而制之。赵括只好就地修起营垒，等待援兵。其实援兵早被白起悉数全歼。赵括在营垒里苦等了四十余天，急得就像热锅上的蚂蚁。这时候秦军故意网开一面，引诱赵括强行突围，结果赵括轻易离开营垒，再次进入秦军的埋伏圈。这一次赵括回天无力，全军覆没。

在这里，秦军三次运用调虎离山之计。第一次用反间计调走了廉颇这只虎，第二次调赵括离开易守难攻的长平关，第三次调赵括离开临时营垒。令人称奇的是，秦军使用调虎离山之计连连得手，赵括一而再、再而三地上了秦军的圈套。

（六）汉中三年，刘邦对陈平说：『天下纷扰混乱，到什么时候才能安定呀？』

陈平说：『项王身边刚正不阿的臣子，也就只有亚父范增、钟离昧、龙且、周殷几个人罢了。大王您如果能拿出几万斤黄金，施用反间计，离间楚国的君臣关系，使他们内心互相猜疑，而项羽的为人原就猜忌多疑，易听信谗言，这样一来，他们内部必定会自相残杀，我们就可乘机发兵去攻打他们，楚军就一定会被打败。』

汉王说：『此话有理！』

便取出黄金四万斤交给陈平，任凭他任意活动，不过问他黄金的使用情况。陈平于是用重金雇请间谍到楚军中进行离间活动，放出消息说：『各位将领如钟离眛等人为项王领兵打仗，功劳卓著，但是却终究不能分得一块土地而称王，因此他们便想与汉军联合起来，借此灭掉项氏，瓜分楚国的土地，各自为王。』项羽果然有所猜忌，不再信任钟离眛等人。

夏季，四月，楚军在荥阳围攻汉王，形势紧急。汉王向项羽请求议和，把荥阳以西的地区划归汉国。但范增却劝项羽火速攻打荥阳，汉王为此忧心忡忡。这时项羽派使者前往汉王处，陈平备置了丰富盛大的宴席，款待楚国的使者。一见到楚使，就假装惊诧地说：『我还以为是亚父的使者呢，原来竟是项王的使者啊！』随即将酒菜又端了出去，改换粗劣的饭菜送给楚使食用。楚使回国后，就把这些情况原原本本汇报给了项羽，项羽果然又对范增大加猜疑。范增想要加紧攻下荥阳城，项羽既不信任他，又不肯听从他的意见。范增听说项羽对他有怀疑，便怒气冲冲地说：『天下事大体上已有定局了，您自己去干吧，只是希望能准许我辞职回家！』

于是范增踏上了归途，还没有到达彭城，就因背上毒疮发作而死去。陈平一条小计，断送了范增的性命，不费吹灰之力，砍掉了项羽这只猛虎的一条臂膀，达到了削弱孤立项羽联盟的目的。从此以后，项羽的霸业，如同江河日下，日暮途穷，再无起色，汉军天下指日可待。

范增死后，项羽痛定思痛，深刻反省，醒悟中了刘邦的反间计与调虎离山之计，但悔之晚矣。他决心踏平荥阳，将刘邦碎尸万段，以报亚父之仇。于是召集大将钟离昧等人，好言相慰，并嘱他们着力攻城，立功侯赏。诸将果然身先士卒，奋力攻城，一时荥阳再次告急。韩信援兵迟迟不到，荥阳朝不保夕。张良、陈平决定：先救刘邦出城，入关收集散兵，留御史大夫周苛、魏豹、枞公死守荥阳，再会同韩信所部围攻项羽。于是陈平诸人又巧用项羽急擒刘邦的心理，智诳楚军，调虎离山。

面对楚军日益猛烈的攻势，陈平等人一方面将形势之危急向诸将和盘托出，激励诸将誓与孤城共存，抵御楚兵，另一方面与张良密谋后，对汉王说：『请大王速写一封投降信给霸王，约霸王在东门相见。霸王定会把他的大军布置在东门，我再想办法把西、北、南各门卫士引到东门口来，大王就可以从西门冲出去了。』

这时汉王帐下的将军纪信，认为与其死守孤城，不若突围求生。要想突围，唯一的办法是找一个人假作汉王，只说出城投降，好叫敌人无备，让汉王乘乱冲出包围。

纪信悄悄来到汉王帐下，言愿假代汉王，去诳骗楚军，请汉王组织人马突围。陈平等人认为此计可行，但必须周密策划，要有其他伪装作掩护，三计并施，才能蒙蔽项羽，乘乱突围。

于是翌日，天还未亮，汉军便开了东门，陈平差遣二千妇女，一批又一批地从东门出去。楚军闻讯围攻上来，见全是些手无寸铁的女人，谁也不好意思刁难，只好闪开一条道来。南、西、北门的楚兵听说东门全是美人儿，争先恐后地涌向东门。

直到旭日东升，才见城中有兵士出来，打着旌旗，拿着武器，簇拥着一部兵车，缓缓而来。『汉王』走近楚营，霸王才发现坐车出来的不是汉王，气得火冒三丈，暴跳如雷，吩咐将这个假汉王连车一同烧了。

这时，汉王乘着东门混乱，冲出西门，带着陈平、张良、樊哙杀开一条血路，逃之夭夭。

（七）1942年8月，蒙哥马利受命来到埃及，担任英国中东集团军第八军团司令。因为第八军团前任司令奥金莱克指挥不利，导致英军在北非战场伤亡惨重。更为严重的是，奥金莱克打算把第八军团撤出埃及，以便保存实力。这其实相当于把北非拱手让给德国，势必使整个战局都受到不良影响。

蒙哥马利抵达前线后，当机立断，将准备撤退的命令取消。他以新任司令的身份，重新发布命令，要求部队坚守阵地，打退敌人的进攻。

8月31日夜，德军在隆美尔的指挥下于阿拉曼沿线发动进攻。由于遭到英军的顽强抵抗，德军损失惨重。正如蒙哥马利所预料的那样，德军最后动用坦克向英军阵地发动进攻。英军有400多辆坦克早已待命多时，立即在轰炸机和反坦克炮的掩护下，浩浩荡荡冲了过去，使德军的坦克群受到重创。接着，英军在蒙哥马利的指挥下全面反攻，隆美尔率残军在15天内溃退了700英里。德军在北非战场的溃败是隆美尔非洲军团覆火的标志，也使得希特勒的末日就要到来。

通过重振士气，蒙哥马利使英军结成严密防线，坚守阵地，待德军损耗了实力后，果断反击，终于大获全胜。这个战例成功地运用了战争中反客为主的计策。

結語

行军，『行』，行列、阵势。『军』，屯、驻扎。

本篇主要论述军队在不同的地理环境下行军作战、驻扎安营和观察敌情等方面的原则。

发端的『处军相敌』，为全篇的纲领，也是作战指挥的重要问题。『处军』必须善于利用地形，使自己的军队经常占据便于作战、便于生活的有利之处。『相敌』要求对敌情必须进行周密细致的观察，而且要善于对各种征候做出正确的判断。

孙子在论述『处军相敌』之后，提出了作战并非兵力愈多愈好，关键在于将帅能否准确地判明敌情、集中使用兵力的问题。如果把『行军』解释为『用兵』，较为妥当。

兵法與商道 克莱斯特重新起飞

克莱斯勒是美国第三大汽车制造公司，在1982年，正面临破产倒闭的危险，后来在亚柯卡领导经营下，终于走出了连续四年亏损的低谷。在这个过程中如何重振雄风仍是亚柯卡苦苦思索的问题。

企业家通常的方法是提高企业的知名度和产品的市场占有率，而出奇制胜，价廉质优又是重要手段。亚柯卡分析了克莱斯特当时的情况，决定首先出奇制胜，于是他把『赌注』押在敞篷汽车上。

美国汽车制造业停止生产敞篷小汽车已经超过十年了，原因是由于时髦的空气调节器与立体声收录机对没有车顶的敞篷汽车来说是毫无意义的，再加上其他原因，使敞篷小客车销声匿迹了。

虽然预计敞篷小客车的重新出现可能激起老一辈驾车人对它的怀念，也会引起年轻一代驾车人的好奇。只是克莱斯特大病初愈，再也经不起大折腾了，为了保险起见，亚柯卡采取了『打草惊蛇』的策略。

亚柯卡首先让工人用手工制造了一辆色彩新颖、造型奇特的敞篷小客车。当时正值夏天，亚柯卡亲自开着这辆敞篷小客车在繁华的道路主干道上行驶。

在形形色色的有顶轿车洪流之中，敞篷小汽车就像是来自外星球的怪物，立即吸引了一长串汽车紧随其后。几辆高级有顶轿车利用其速度快的优势，终于迫使亚柯卡驾驶的敞篷小汽车停在路旁，这正是亚柯卡所希望的。

追随者下车之后围住了坐在敞篷小客车里的亚柯卡，并提出了一连串的问题。

『这是什么牌子的汽车？』

『这车是哪家公司制造的？』

『这种汽车一辆要多少钱？』

……

亚柯卡面带微笑地一一解答，心里满意极了，心想自己的预计是对的。

为了进一步验证将会产生的效果，亚柯卡开着敞篷小客车到购物中心、超级市场和娱乐中心等地，每到一处都吸引了一大群人的围观，道路旁的情景又一次重现了。

经过这么多次『打草』，亚柯卡了解了市场的情况。不久，克莱斯特公司正式宣布将有男士型敞篷汽车面市，美国各地都有很多的爱好者预付了定金，其中还有一些女士。结果，第一年敞篷汽车就销售了23万辆，是原来预计的7倍多。

敞篷小客车能不能让汽车市场所接受？能接受多少？对这些问题，亚柯卡没有十分把握。而且刚喘过气来的克莱斯特公司也不能冒险。于是亚柯卡亲自驾车『打草』，了解市场的欢迎程度，确定无疑后才正式推出产品，结果成绩显著，克莱斯特公司重新起飞了。

范旭东智胜卜内门

范旭东是个有远见的企业家，他原本从事盐业生产。第一次世界大战爆发后，『洋碱』输入中国大幅度减少，中国的碱市场出现异常稀缺的状况。机会难得，在范旭东先生的极力倡导下，中国第一家制碱工业永利制碱工业公司于1918年宣告成立。

永利制碱公司的成立，引起英国卜内门公司的强烈反应，卜内门公司驻华经理对范先生说：『碱在中国确实非常重要，只可惜先生办得早了些，就条件上说，再晚30年不迟。』

范先生立即反驳道：『恨不得早办30年，事在人为，今日急起直追还不算晚。』

英国卜内门公司一直垄断着中国碱市场，第一次世界大战之后，它又卷土重来，看到中国自己的制碱企业成功了，就恼羞成怒地向永利制碱公司发起猛烈进攻，可是没有成功。卜内门公司不甘心同永利制碱公司共享市场，便又调来一大批纯碱以低于原价的40%在中国市场倾销，企图以此挤垮永利制碱公司。

面对卜内门公司的屡屡进攻，永利制碱公司老板范旭东决心还击。永利公司和卜内门公司实力相差悬殊，无法正面与其抗衡。如果永利公司也降价销售产品，用不了多久，实力就会损失殆尽，如果不降价，产品卖不出去，资金没办法收回，再生产无法进行，用不了多久，永利公司照样破产。如何是好呢？

范旭东先生有一天突然相处了个好办法。这天，他在书房踱步，看见了自己年轻时因参加『戊戌变法』失败后逃亡日本留学时的相片，触景生情受到启发，现在，为什么就不能暂避卜内门公司的锋芒而到日本发展呢？公司的创立，不就是钻了卜内门公司无暇顾及的空隙吗？范先生决定东渡日本，为永利制碱公司谋求生存和发展，他立即着手市场调查分析及计划实施。『日本是卜内门公司在远东的大市场，战争刚刚结束，百废待兴。卜内门公司产量有限，能够运到远东来的数量就不会太多。卜内门公司现在在中国市场倾销这么多碱，那运到日本的数量肯定不多，日本碱市场一定是非常缺货。我何不来个『调虎离山』之计，乘虚将碱打入日本市场，等他回顾日本市场的时候，我公司再猛击他在中国的碱市场，让对手穷于应付，首尾难顾。』

永利制碱公司的纯碱，虽然在日本的销量只有卜内门公司的十分之一，但是却如一支从天而降的轻骑兵，对日本的卜内门公司发起突袭。

卜内门公司为了保住日本的大市场，迫不得已停止在中国碱市场对永利制碱公司的进攻，主动要求谈判求和，并且希望永利制碱公司在日本停止挑战行动。

范旭东先生理直气壮地说：『停战可以，但得有个说法，卜内门公司今后在中国市场变动碱价，必须要争得永利公司的同意。』卜内门公司没有办法，只好同意了。上例谈判的成功，是范旭东先生巧用『调虎离山』之计的结果，此计，使英国卜内门公司作出让步，范先生给中国人民争了口气，同时又促进了中国民族工业的发展。

地形篇第十

操曰：欲战，审地形以立胜也。○李筌曰：军出之后，必有地形变动。○王皙曰：地利当周知险、隘、支、挂之形也。○张预曰：凡军有所行，先五十里内山川形势，使军士伺其伏兵，将乃自行视地之势，因而图之，知其险易。故行师越境，审地形而立胜。故次《行军》。

原文 **孙子曰：地形有通者①，有挂者②，**梅尧臣曰：网罗之地，往必挂缀。**有支者③，**梅尧臣曰：相持之地。**有隘者④，**梅尧臣曰：两山通谷之间。**有险者⑤，**梅尧臣曰：山川丘陵也。**有远者⑥。**曹操曰：此六者，地之形也。梅尧臣曰：平陆也。○杜佑曰：此六地之名，教民居之得便利则胜也。○张预曰：地形有此六者之别也。**我可以往，彼可以来，曰通；**杜佑曰：谓俱在平陆，往来通利也。○张预曰：俱在平陆，往来通达。**通形者，先居高阳⑦，利粮道⑧，以战则利⑨。**曹操曰：宁致人，无致于人。○杜牧曰：通者，四战之地，须先据高阳之处，勿使敌人先得，而我后至也。利粮道者，每于津厄，或敌人要冲，则筑垒或作甬道以护之。○杜佑曰：宁致人，无致于人。己先据高地，分为屯守于归来之路，无使敌绝己粮道也。○梅尧臣曰：先据高阳，利粮道，厄敌人来至，我战则利。**可以往，难以返，曰挂；**杜佑曰：挂者，牵挂也。**挂形者，敌无备，出而胜之；敌若有备，出而不胜，难以返，不利。**李筌曰：往不宜返曰挂。○梅尧臣曰：出其不意，往则获利；若其有备，往必受制。○张预曰：察知敌情果为无备，一举而胜之，则可矣。若其有备，出而弗克，欲战则不可留，欲归则不得返，非所利也。**我出而不利，彼出而不利，曰支；**杜佑曰：支，久也，俱不便

曹彰

曹彰，字子文，沛国谯县人，为曹操次子。曹彰膂力过人，武艺精熟，能徒手与猛兽搏斗，很得曹操的喜爱。后曹操逝世，曹丕继位，曹彰入京都朝觐，暴毙于府邸中。

久相持也。○张预曰：各守险固，以相支持。**支形者，敌虽利我⑩，我无出也；引而去之⑪，令敌半出而击之，利。**李筌曰：支者，两俱不利，如挂之形，故各分其势。○贾林曰：支者，隔险隘可以相要截，足得相支持，故不利先出也。○杜佑曰：利，利我也。佯背我去，我无出逐，待其引而击之，可败也。○梅尧臣曰：各居所险，先出必败。利而诱我，我不可爱，伪去引敌，半出而击。○王皙曰：敌不肯至，则设奇伏而退；且诡之，令必出。**隘形者，我先居之，必盈之以待敌；**杜佑曰：盈，满也。以兵陈满隘形，欲使敌不得进退也。**若敌先居之，盈而勿从，不盈而从之。**曹操曰：隘，两山之间通谷也，敌势不得挠我也。我先居之，必前齐隘口，陈而守之，以出奇也。敌若先居此地，齐口陈，勿从也。即半隘陈者从之，而与敌共此利也。李筌曰：盈，平也。敌先守隘，我去之。赵不守井隆之口，韩信下之；陈豨不守漳水，高祖下之是也。○杜牧曰：盈者，满也。言遇两山之间，中有通谷，则须当山口为营，与两山口齐，如水之在器而盈满也。○贾林曰：从，逐也；盈，实也。

敌若实而满之，则不可逐讨；若虚而无备，则入而讨之。〇梅尧臣同杜牧注。〇王皙同曹操注。**险形者，我先居之，必居高阳以待敌；**杜佑曰：居高阳之地，以待敌人；敌人从其下阴而来，击之则胜。**若敌先居之，引而去之，勿从也。**曹操曰：地险隘，尤不可致于人。李筌曰：若险阻之地，不可后于人。〇杜佑曰：地险先据，则不致于人也。梅尧臣曰：先得险固，居高就阳，待敌则强。敌苟先之，就战则殆，引去勿疑。〇王皙曰：此亦争地，若唐太宗先据武牢，以待窦建德是也。**远形者⑫，势均难以挑战⑬，战而不利。**曹操曰：挑战者，延敌也。李筌曰：力敌而挑，则利未可知也。〇杜牧曰：譬如我与敌垒相去三十里，若我来就敌垒，而延敌欲战者，是我困敌锐，故战者不利。若敌来就我垒，延我欲战者，是我佚敌劳，敌亦不利。故言势均。然则如何？曰：欲必战者，则移相近也。〇孟氏曰：兵势既均，我远入挑，则不利也。〇杜佑曰：挑，迎敌也。远形，夫国远也。地势均等，无独便利，先挑之战，不利也。梅尧臣曰：势既均一，挑战则劳，致敌则佚。**凡此六者，地之道也⑭，将之至任⑮，不可不察也。**李筌曰：此地形之势也。将不知者以败。〇贾林曰：天生地形，可以目察。〇梅尧臣曰：夫地形者，助兵立胜之本，岂得不度也？〇张预曰：六地之形，将不可不知。

注释　①地形有通者：地形，地理形状、山川形势。通，通达，指广阔平坦、四通八达的地区。②挂者：此处指前平后险、易入难出的地区。挂，悬挂、牵碍。③支者：指敌对双方皆可据险对峙，不易发动进攻的地区。支，支撑、支持。④隘者：这里特指两山之间的狭谷地带。隘，狭窄、险要之地。⑤险者：指行动不便的险峻地带。险，险

孙武明纪

孙武在吴国整顿军纪，训练兵士，使得吴国兵力大增。在之后的吴楚征战、吴越征战中大败敌方，吴国成为一时的强国。

恶、险要。⑥远者：指距离遥远之地。⑦先居高阳：意谓抢先占据地势高且向阳之处，以争取主动。⑧利粮道：指保持粮道畅通。利，此处作动词。⑨以战则利：此句承上『先居高阳，利粮道』而言，意谓在平原地区，若能先敌抵达，占据高阳地带，并保持粮道畅通，如此进行战斗则大为有利。以，为也。⑩敌虽利我：敌虽以利诱我。利，利诱。⑪引而去之：即指率领部队伪装退去。引，带领。去，离开、离去。⑫远形者：这里特指敌我营垒距离甚远。⑬难以挑战：指因地远势均，不宜挑引敌人出战。⑭地之道也：意谓上述六者是将帅指挥作战利用地形的基本原则。道，原则、规律。⑮将之至任：指将帅所应担负的重大责任。至，最、极的意思。

譯文 孙子说：地形有通形、挂形、支形、隘形、险形、远形六种。我军可以去、敌军也可以来的地域，叫通形。在通形地域，先占领地势高而且向阳、便于补给、道路畅通的阵地，就会对作战有利。可以前往，但难以返回的地域，叫挂形。在挂形地域，如果敌军没有防备，我军就可以出击取胜；如果敌军有了防备，出击又不能保证取胜，就难以返回，那就不利了。我军前出不利、敌军前出也不利的地域，叫支形。在支形地域，即便敌军以利引诱我，也不要出击；率军佯装撤退，引诱敌军前出一半时突然回军攻击，这样就会有利。在隘形地域（两山之间的狭窄山谷地带），我军应该抢先占领，并用重兵阻住隘口，以等待敌军的到来；如果敌军先占领了峡谷，并用重兵镇守隘口，就不可以进击；如果敌军没有用充足的兵力把守隘口，我军就可以去进攻。在险形地域（地势险峻、行动不便的地带），我军应该抢先占领隘口，占据地势较高、向阳一面的制高点，等待敌军来犯；如果敌军已先期到达，占据了有利地形，我军就应该主动撤退，千万不要进攻。在远形地域（距离遥远之地），敌我双方实力相当时，不宜于挑战，如果勉强出战，就会不利。以上这六点是利用地形的法则，也是将帅们重大责任之所在，不可以不认真考虑研究。

释例一 前197年，赵相国陈豨反于代地。第二年九月，汉高祖亲自领兵，自东面击陈豨。兵到了邯郸，汉高祖非常高兴，说：『陈豨不在南方以邯郸为据守之地，反靠漳水阻隔为阵，朕可以看出陈豨是个没有作为的人。』果然击斩陈豨，平定代地。陈豨没有占领隘口而失败。

释例二 前123年4月，汉朝派遣大将军卫青统帅六将军，率十几万人马，再度出定襄去攻打匈奴，斩获匈奴前后共一万九千多人，汉朝也损失了两位将军、三千多骑兵；右将军苏建和前将军赵信两军合并，成了三千骑，离开大军而行进，遇到匈奴单于统率的数万军队，激战一日，全军覆没。单于捕获了翕侯赵信，就封他为自次王，并把自己的姐姐嫁给他，和他合谋攻打汉朝。苏建逃脱，免掉一死。

释例三 996年，李继迁叛宋，宋太宗遣将白守荣等送军粮于灵州，又令田绍斌率兵应援。李继迁得知消息后，就到浦洛河去拦截。白守荣欲进攻敌人，田绍斌说：『蕃戎轻佻，不要抛弃辎重而与敌作战，应结阵徐行。』白守荣说：『我不受你节制，不要干预我事。』田绍斌率所部去辎重四五里。李继迁初见田绍斌旗帜，不敢进击。白守荣欲自取战功，率兵与敌军交战，敌军伏兵突起，白守荣被打得大败。

原文 **故兵有走者①，有弛者，有陷者，有崩者，有乱者，有北者。凡此六者，非天之灾，将之过也。**贾林曰：走、弛、陷、崩、乱、北，皆败坏大小变易之名也。○张预曰：凡此六败，咎在人事。**夫势均，以一击十，曰走②。**曹操曰：不料力也。○李筌曰：不量力也。若得形便之地，用奇伏之计，则可矣。○王皙曰：不待斗而走也。○张预曰：势均谓将之智勇、兵之利钝，一切相敌也。夫体敌势等，自不可轻战；况奋寡以击众，能无走乎？**卒强吏弱，曰弛③。**曹操曰：吏不能统卒，故弛坏。○梅尧臣曰：吏无统率者，则军政弛坏。○王皙同曹操注。○何氏曰：言卒伍豪强，将帅懦弱，不能驱领，故弛坼坏散也。**吏强卒弱，曰陷④。**曹操曰：吏强欲进，卒弱，辄陷败也。○李筌曰：陷，败也。卒弱不一，则难以为战，是以强陷也。○贾林曰：士卒皆羸，鼓之不进；吏强独战，徒陷其身也。○梅尧臣曰：吏虽强进，不能激之以勇，

姜子牙

姜子牙，吕氏，字子牙，号飞熊，商末人。子牙出生后家境没落，他做过屠夫，也卖过酒，但始终研究治国安邦之道，期望能有一天为国家施展才华。

故陷于死。○王晳曰：为下所陷。○张预曰：将吏刚勇欲战，而士卒素乏训练，不能齐勇同奋，苟用之，必陷于亡败。**大吏怒而不服⑤，遇敌怼而自战⑥，将不知其能，曰崩⑦。**曹操曰：大吏，小将也。大将怒之，心不压服，忿而赴敌，不量轻重，则必崩坏。○李筌曰：将为敌所怒，不料强弱，驱士卒如命者，必崩坏。○梅尧臣曰：小将心怒而不服，遇敌怨怼而不顾，自取崩败者，盖将不知其能也。○王晳曰：谓将怒不以理，且不知裨佐之才，激致其凶怼，如山之崩坏也。**将弱不严，教道不明，吏卒无常⑧，陈兵纵横⑨，曰乱。**曹操曰：为将若此，乱之道也。○李筌曰：将或有一于此，乱之道也。○王晳曰：乱者不胜其败。○张预曰：将弱不严，谓将帅无威德也。教道不明，谓教阅无古法也。吏卒无常，谓将臣无久任也。陈兵纵横，谓士卒无节制也。为将若此，自乱之道。**将不能料敌⑩，以少合⑪众，以弱击强，兵无选锋⑫，曰北。**李筌曰：军败曰北，不料敌也。○梅尧臣曰：不能量敌情，以少当众，不能选精锐，以弱击强，皆奔北之理也。**凡此六者，败之道**

也，陈皞曰：一曰不量寡众，二曰本乏刑德，三曰失于训练，四曰非理兴怒，五曰法令不行，六曰不择骁果，此名六败也。**将之至任，不可不察也。**张预曰：已上六事，必败之道。

注释 ①兵有走者：兵，这里指败军。走与以下『弛、陷、崩、乱、北』共为『六败』之名称。②走：跑、奔，这里指军队败逃。③弛：涣散、松懈的意思。这里指将吏软弱无能，队伍涣散难制。④陷：此言将吏虽勇强，但士卒没有战斗力，将吏不得不孤身奋战，力不能支，最终陷于败没。陷，陷没。⑤大吏怒而不服：此句意谓偏裨将佐恚怒，不肯服从主将的命令。大吏，指小将。⑥遇敌怼而自战：意谓恚怒愤懑的『大吏』，遇敌心怀怨愤，擅自出阵作战。怼，怨恨、心怀不满。⑦崩：土崩瓦解，比喻溃败。⑧吏卒无常：无常，指没有法纪、常规，军中上下关系处于失常状态。⑨陈兵纵横：指布兵列阵杂乱无章。陈，古『阵』字。⑩料敌：指分析研究敌情。⑪合：指两军交战。⑫选锋：由精选士兵而组成的先锋部队。

译文 军队打败仗有『走』、『弛』、『陷』、『崩』、『乱』、『北』六种情形。这六种情况的发生，不是天时地利等自然条件造成的祸殃，而是将帅用兵的错误致使的。凡是双方实力相当却要以一击十，必然导致失败而临阵败逃，这叫做走。士卒强悍而军官怯懦，必然指挥不灵士气低迷，这叫做弛。军官强悍而士卒怯懦必然战斗力差，以致全军陷灭，这叫做陷。高级将领怨怒而不服从主帅命令，遇到敌军只凭一腔仇恨而自请出战，主帅并不了解他的能力，必然导致溃败如土崩瓦解，这叫做崩。将帅怯懦无威严，训

吴起吮卒病疽

吴起（约前440—前381），战国初期著名的政治家、军事家。后世把他和孙子连称『孙吴』，著有《吴子》，《吴子》与《孙子》又合称《孙吴兵法》，在中国古代军事典籍中占有重要地位。

练教育士兵没有章法，致使官兵关系不正常，布阵杂乱无章，部队混乱不堪，这叫做乱。将帅不能正确判断敌情，用少数兵力去迎击敌人重兵，以弱对强，又没有精锐的前锋部队，必然导致失败，这叫做北。以上六种情况是造成失败的必然规律，也是将帅的重大责任之所在，不可以不给予认真的考察研究。

释例四 前519年，楚国与吴国在钟离会战。吴国的公子光说：『楚国的元帅地位低而很受宠信，政令又不统一。元帅地位低而不能整齐号令，没有重大的威信，楚国是可以打败的。』结果吴军打得楚军拼命奔逃。

释例五 207年，曹操北征乌桓，出卢龙塞，涉鲜卑庭，在白狼山与敌交战。使张辽为先锋，虏众大溃，斩蹋顿，胡、汉降者二十余万口。这是曹操善于『选锋』而胜。

原文 **夫地形者，兵之助也**①。杜牧曰：夫兵之主，在于仁义节制而已。若得地形，可以为兵之助，所以取胜也。

周瑜三江战曹操

周瑜，字公瑾，庐江舒县人。东汉末年东吴杰出的军事家。美姿容，精音律，多谋善断，胸襟广阔。208年赤壁之战中大败曹军，奠定三了分天下的基础。

助一作易。○陈皞曰：天时不如地利。孟氏曰：地利待人而险。○贾林曰：战虽在兵，得地易胜，故曰兵之易也。山可障，水可灌，高胜卑，险胜平也。○王皙曰：兵道则在人。○张预曰：能审地形者，兵之助耳，乃末也。料敌制胜者，兵之本也。**料敌制胜，计险厄、远近②，上将③之道也。**『杜牧曰：馈用之费，人马之力，攻守之便，皆在险厄远近也。言若能料此以制敌，乃为将臻极之道。○王皙曰：料敌穷极之情，险厄远近之利害。此兵道也。○何氏曰：知敌知地，将军之职。○张预曰：既能料敌虚实强弱之情，又能度地险厄远近之形，本末皆知，为将之道毕矣。**知此而用战者必胜④，不知此而用战者必败。**杜牧曰：谓知险厄远近也。○梅尧臣曰：将知地形，又知军政测胜；不知则败。○张预曰：既知敌情，又知地利，以战则胜；俱不知之，以战即败。

故战道必胜⑤，主曰无战，必战可也；李筌曰：得战胜之道，必可战也；失战胜之道，必无战可也。立主人者，发其行也。○杜牧曰：主者，君也。黄石公曰：『出军

周德威锤中野义

周德威，字镇远，后唐名将。周德威最初跟随李克用，骁勇而擅骑。李克用死后，李存勖继位晋王，周德威跟随李存勖转战南北，立下大功。

行师，将在自专；进退内御，则功难成。故圣主明王，跪而推毂曰：阃外之事，将军裁之。』孟氏曰：宁违于君，不逆士众。○梅尧臣曰：将在军，君命有不受。**战道不胜，主曰必战，无战可也。故进不求名，退不避罪，**王皙曰：皆忠以为国也。○何氏曰：进岂求名也，见利于国家士民则进也；退岂避罪也，见其蹙国残民之害，虽君命使进而不进，罪及其身不悔也。**唯人是保⑥，而利合于主，国之宝也。**李筌曰：进退皆保人，非为身也。○杜牧曰：进不求战胜之名，退不避违命之罪也。如此之将，国家之珍宝，言其少得也。○王皙曰：战与不战，皆在保民利主而已矣。○张预曰：进退违命，非为已也，皆所以保民命而合主利，此忠臣国家之宝也。

注释 ①地形者，兵之助也：地形的观察利用，是用兵作战的重要辅助条件。助，辅助、辅佐。②计险厄、远近：指考察地形的险要，计算道路的远近。③上将：贤能、高明之将。④知此而用战者必胜：知此，懂得上述道理。用战，指挥作战。⑤战道必胜：指根据战争规律分析，具备了必胜的把握。战道，作战具备的各种条件，引申为战争的一般规律。⑥唯人是保：此句谓进退处置只求保全民众。人，百姓、民众。保，保全。

譯文 地形是用兵打仗的辅助条件。判断敌情，争取克敌制胜的主动权，考察地形的险易，计算路程的远近，这些都是高明的优秀将帅必须掌握的基本方法。懂得使用这些方法去指挥打仗，就必然取得胜利；不懂得使用这些方法而去指挥打仗，就一定招致失败。

所以，按战争规律分析必定会取得胜利的仗，即使国君说不要打也可以坚持去打；按战争规律分析必然失败的仗，即使国君说一定要打也可以不打。所以说，将帅进攻不为求得个人声名，退也不回避违命的罪责，惟一的追求是保全百姓而有益于国君的利益。这样的将帅正是国家的宝贵财富。

釋例六 （一）238年，魏遣司马懿讨公孙渊。司马懿谒见魏明帝曹睿，睿问道：『你料公孙渊如何行动？』懿答道：『公孙渊若弃城先走，那是上计；据守辽东，抗拒大军，那是中计；若坐守襄平，便是下计，必为臣所擒了。』曹睿问渊能行上计吗，懿说：『公孙渊不知兵谋，只能定出中、下计。』睿问：『你出军往还，应需多少日？』懿说：『去约百日，还百日，攻百日，又须休息六十日，大约一年就可了事。』睿便使令懿带兵启程。公孙渊闻懿带兵出讨，果派步骑数万，屯踞辽遂，坚壁而守。司马懿笑着对诸将道：『贼不与我交战，是要我劳师縻饷，粮尽退兵。贼众多在此处，巢穴必空虚，我应直攻襄平，一举破贼。』公孙渊出战失利，退守危城，懿军进围襄平。时值秋雨连绵，辽水暴涨，运粮船直达城下，平地水深数尺。城中见懿营阻水，便出外打柴、放牧。诸将请求出兵截击，司马懿不同意。司马陈硅问道：『太尉前攻上庸，昼夜兼进，故能立拔坚城，擒斩孟达；今远道而来且缓进，又纵使敌军打柴、放牧，究竟是什么用意？』懿笑答道：『孟达兵少粮多，我军兵多粮少，怎能不速战呢？现在敌兵多我兵少，敌饥我饱，何必速攻呢？倘若掠夺敌人的牛马，截取其樵粮，岂不是要驱敌人远走吗？』不久天气转晴，司马懿就分兵合围，四面筑土山，登高俯攻，昼夜不停；公孙渊守兵死伤极多，并且粮食将要用尽，只得遣使请和。懿怒斩来使。公孙渊突出南门，司马懿派兵追上斩首，辽东遂平。

（二）328年，前赵王刘曜围困洛阳，石勒决心调集兵员去解洛阳之围，心腹程遐劝阻他，他气得拔出剑来，赶他出宫。石勒召来徐光，和他商量说：『如今刘曜带兵十万，攻一城近百日，尚未得破，师劳卒疲，而我军养精蓄锐，出去一战就可以活捉刘曜。你以为如何？』徐光答道：『刘曜大败石虎后，不趁势进攻襄国，而攻打洛阳，其无能已可知了。现在大王亲自出征，平定天下在此一举，时机切不可失！』

石勒立即下令内外戒严，如果还有来劝阻出兵的要砍头。他亲自率领四万步骑兵进军洛阳。石勒对徐光说：『刘曜如果集中军队于成皋，这是他的上策。其次是在洛水边上阻击。倘若他守在洛阳城边不动，就将束手就缚！』

刘曜在洛阳城的西面摆列阵势，有十多万人马。石勒命令石虎带领三万步兵，猛攻刘曜中军；石堪和石聪各带精骑八千人，扫荡刘曜前锋；石勒亲自带领主力一部，从洛阳西面北头的阊阖门出城，夹击刘曜的队伍，大决战的战场就在宣阳门前。嗜酒如命的刘曜到了宣阳门前指挥队伍，石堪看到刘曜的醉态，立即命令将士们拼死冲击。刘曜酒醉糊涂，只得随着撤退，终于被石堪活捉。前赵军队眼见统帅被擒，更是无心抵抗。后赵从会师成皋到打垮前赵军队，用了不过五天时间。

釋例七 218年，曹彰北征，进入涿郡时，叛乱的乌桓族几千名骑兵突然到来。曹彰采用田豫计策，坚守要地，敌人陆续撤退。曹彰追击敌兵，亲自搏斗，用弓箭射乌桓的骑兵，应弦而倒的接二连三。战斗了大半天，曹彰的铠甲上中了几箭，他的斗志更加旺盛，乘胜追击败兵，到达了桑干，距离代郡二百多里。曹彰的长史部将认为刚刚经过长途跋涉，兵马疲劳困顿，又受魏王节制调度，不能超过代郡，不可深入，不能违令轻敌。曹彰说：『率领军队出征，只考虑如何取得胜利，此外还有什么节度呢？乌桓军队还没有跑远，追上去就必定能打垮它。服从事先规定的命令而放走了敌人，不是好的将领啊。』于是曹彰上了马，并向军中发布命令：『不踊跃向前的处死。』经过一日一夜追上了敌人，进行了战斗，获得大胜。

釋例八 前506年，吴国伐楚国，楚军大败，吴军攻陷楚国都城郢，震撼齐、晋等国。当时孙武为吴将，树立了稀世大功，但他把这功归于上级伍员，而不求名，所以《左传》上不载孙武之名。可知孙子说的『不求名』，他本身的确是做到了。

原文

视①卒如婴儿，故可与之赴深谿②；视卒如爱子，故可与之俱死。李筌曰：若抚之如此，得其死力也。故楚子一言、三军之士皆如挟纩也。○张预曰：将视卒如子，则卒视将如父，未有父在危难，而子不致死。故荀卿曰：『臣之于君也，下之于上也，如子弟之事父兄，手足之捍头目也。』夫美酒泛流，三军皆醉，温言一抚，士同挟纩。信乎以恩遇下，古人所重也。故《兵法》曰：『勤劳之师，将必先己，暑不张盖，寒不重衣，险必下步，军井成而后饮，军食熟而后饭，军垒成而后舍。』**厚而不能使，爱而不能令③，乱而不能治④，譬若骄子，不可用也。**曹操曰：恩不可专用，罚不可独任；若骄子之喜怒对目，还害而不可用也。李筌曰：虽厚爱人，不令如骄子者，有勃逆之心，不可用也。○孟氏曰：唯务行恩，恩势已成，刑之必怨；唯务行刑，刑怨已深，恩之不附。必使恩威相参，赏罚并用，然后可以为将，可以统众也。○王皙曰：恩不以严，未可济也。○何氏曰：言恩不可纯任，纯任则还为己害。○尉缭子曰：『不爱悦其心者，不我用也；不严畏其心者，不我举也。』故善将者，爱与畏而已。

注释

①视：看待、对待的意思。②深谿：极深的谿涧，这里喻危险地带。谿，山涧河沟。③厚而不能使，爱而不能令：只知厚待而不能使用，只知溺爱而不重教育。厚，厚养、厚待。令，教育。④乱而不能治：指士卒行为乖张不羁而不能加以约束惩治。治，治理，这里有惩处之意。

译文

将帅对待士卒就像对待婴儿那样百般呵护，士卒因此就可以与将帅一起共赴患难；将帅对待士卒就像对待儿子那样关怀疼爱，士卒因此就可以与将帅一起同生共死。如果将帅厚待士卒而不使用他们，爱护士卒而不用法令约束他们，士卒违法乱纪而不去惩治他们，那么士卒就会像被娇惯的孩子一样，是不能用来作战的。

释例九

（一）有一次，周武王向姜子牙询问治军之道：『怎么才能让将士们奋不顾身地冲锋陷阵，让他们听到进攻的鼓声就兴奋，听到撤退的鸣金就不高兴呢？』姜子牙回答说：『身为将帅的有「三胜」：第一，冬天不穿皮衣、夏天不摇扇、下雨天不遮挡，与手下士兵同甘共苦，这就叫「礼将」；第二，翻山越岭、行走于泥沼之时，走在士兵的前面，身体力行，身先士卒，这就叫「力将」；第三，安营扎寨之时，全军的帐篷还没有扎好、全军的饭没做熟的时候，能克制住自己的私欲，不先休息吃饭，这就叫「止欲将」。一个统帅如果能做到这三点，就算敌人站在城墙之上发射密如飞蝗一般的箭石，你手下的士兵也会毫无畏惧地攻城。』

武王又问有没有可供子孙后世永远铭记的格言，姜子牙回答说这样的格言在《丹书》上，要求武王必须先进行斋戒沐浴，然后才能宣读。武王经过斋戒、沐浴之后，诵读了《丹书》。姜子牙说：『用仁义得到天下，又用仁义来治理天下，这样可以传至万代；用暴力得到天下，但用仁义来治理，可以传至十代；用暴力夺取天下，又用暴力来治理，那么第一代就会出问题。』武王听了这番教诲，就在门窗、洗脸盆、镜子、拐杖，甚至自己的鞋子上都刻满了告诫自己的铭文。正是在姜子牙的教导之下，周武王始终坚守着以仁义为本的治国之道，使得周朝的基业更加巩固。

（二）战国时，吴起在魏国担任将领，他的饮食与衣着，全都跟士卒中最下级的一样。晚上睡觉的地方不加铺盖，行军的时候，不骑马、不乘车，食粮自己背，为士卒分劳担苦。士卒中有个生毒疮的，吴起就为他吮吸脓汁。病卒的母亲听到这个消息就哭了。旁人说：『你的儿子只是一兵卒，而吴将军亲自为他吮吸出毒疮的脓汁，你应该感到光荣，为何哭呢？』那兵卒的母亲说：『过去吴公也曾为孩子的父亲吮吸过疮脓，孩子的父亲感恩而格外卖力杀敌，终于战死在沙场上了。而今，吴公又为他的儿子吮吸疮脓，不知什么时候这孩子也会像他父亲那样战死沙场的。』后吴起镇守西河，秦国不敢东向出兵，韩、赵也都宾服听从。

原文

知吾卒之可以击，而不知敌之不可击，胜之半也； 梅尧臣曰：知己而不知彼，或有胜耳。**知敌之可击，而不知吾卒之不可以击，胜之半也；** 杜牧曰：可击者，勇敢轻死也；不可击者，顿弊怯弱也。○陈皞曰：此说非也。可击不可击者，所谓兵众孰强，士卒孰练，赏罚孰明也。○梅尧臣曰：知彼而不知己，或有胜耳。○王晳曰：知己不知彼，知彼不知己，皆未可以决胜也。**知敌之可击，知吾卒之可以击，而不知地形之不可以战，胜之半也。** 曹操李筌曰：胜之半者，未可知也。○杜牧曰：地形者，险易、远近、出入、迂直也。○梅尧臣曰：知彼知己，而不知地形，亦或不胜。○王晳曰：虽知彼己可以战，然不可亏地利也。○张预曰：既知己，而又知彼，但不得地形之助，亦不可全胜。**故知兵者①，动而不迷②，**

举而不穷③。杜牧曰：未动未举，胜负已定，故动则不迷，举则不穷也。一云动而不困，举而不顿。○梅尧臣曰：无所不知，则动不迷暗，举不困穷也。○王皙曰：善计者不迷，善军者不穷。○张预曰：不妄动，故动则不误；不轻举，故举则不困。识彼我之虚实，得地形之便利，而后战也。

故曰：知彼知己，胜乃不殆；张预曰：晓攻守之术，则有胜而无危。**知天知地，胜乃不穷**④。李筌曰：人事、天时、地利三者同知，则百战百胜。○梅尧臣曰：知彼利，知此利，故不危；知天时，知地形，故不极。王皙同梅尧臣注。○张预曰：顺天时，得地利，取胜无极。

注释 ①知兵者：通晓用兵打仗之道的人。②迷：迷惑、困惑。③举而不穷：此句意谓行动自如不为所困。举，行动。穷，困窘、困厄的意思。⑤胜乃不穷：指胜利不会有穷尽。

译文 只知道自己的军队可以打仗，而不了解敌人不可以攻打，胜利的可能只有一半；只知道敌军可以攻打，而不了解自己的军队不能去攻打，胜利的可能也只有一半；知道敌人可以攻打，也知道自己的军队可以去攻打，但不了解地形条件不宜于向敌军发起攻击，胜利的可能同样只有一半。因此，真正懂得用兵的将帅，行动起来不会犹豫，战术变化不会穷尽。

所以说：知彼知己，取胜就不会有差错；知道天时，知道地利，克敌制胜就会永无穷尽。

释例十 （一）208年9月，曹操进入荆州，刘琮率部投降，曹操得到他的水军、战船。

曹操在给孙权的信中说，要与孙权『会猎于吴』，孙权的将士听说后都很惊恐。周瑜说：『曹操虽托名汉相，其实是汉朝的奸贼。将军凭着您的神威雄才，兼仗父兄的遗业，割据江东，地方数千里，兵力精强，资财充足，英雄之士都乐于跟随您建功立业，因此您本来就应当横行天下，为汉朝驱除奸贼，扫清污秽，何况是曹操自己来送死，怎么可以投降他呢？请允许我替您分析一下当前的形势和我们的对策。假定现在北方已经安定，曹操没有内忧，能够旷日持久来争夺疆土，与我方在舟船之间较量胜负吗？何况现在北方还未平定，加上马超、韩遂还在关西，成为曹操的后患。而且曹操舍弃鞍马，使用舟船，来与江东争胜负，这本来就不是中原军队的擅长。另外，现在正是严寒的冬天，战马没有草料；驱迫中原的兵士来到遥远的江湖之间，不习水土，必生疾病。以上这几种情况，乃是用兵的忧患，而曹操却置之不顾，冒险行事。您捉拿曹操正应在此时，我请求给予精兵三万人，进往夏口，保证为您打败他。』

（二）910年，梁主朱温闻晋军援赵，命王景仁等领兵十万，直至柏乡。晋王与周德威合军，进营野河，与柏乡只隔五里。梁军坚壁不出。

晋王欲战，德威道：『镇定兵只能守城，不能野战；我兵虽能驰骋，但惟旷野间方可冲突。今压贼寨门，无从开展骑兵之优势，况且彼众我寡，势不相敌，倘彼知我虚实，我便危险了！』又转告晋王道：『不如退屯高邑，依城自固，一面诱贼离营，彼出我归，彼归我出，再派轻骑掠彼粮饷，不出月余，定可破敌。』晋王同意，回屯高邑。

（三）第一次世界大战时，日本假如协约国一边，对德宣战，却不派兵赴欧洲作战，而是出兵攻打德国在中国的老巢——青岛。当时，驻扎在青岛的德军有2000人，日军采取包围战术，从潍县的西境插到青岛德军的背后，以便腹背夹攻。

日军此举真是：『司马昭之心，路人皆知』。

日本官方扬言：『此次攻取青岛，是帮中国的忙，帮助中国收复失地，青岛到手后当归还中国。』

其实，日本想借机霸占青岛，以实现其侵犯中国的野心。北洋军阀政府明知日本使了诡计，但因国家贫弱，竟然听任日本在中国土地上排兵布阵，青岛很快落入日本之手。当时，西方列强正忙着进行世界大战，一时无暇东顾。日本便混水摸鱼，拒不归还青岛，还向中国提出了无理的『二十一条』。『二十一条』的实质是让中国放弃主权，做日本的附庸。日本向中国发出最后通碟，限在48小时之内签约，否则就要诉诸武力。在日本的压力下，中国军阀政府接受了灭亡中国的『二十一条』。

在日本的最后通碟中有这样几句无耻的话：『查胶州湾为东亚商业上军事上之一要地。日本帝国因取得该地，所费之血与财，自属不少，既为日本取得之后，毫无交还中国之义务。』

北洋军阀竟然可耻地接受『二十一条』后还在公告中大肆宣扬『双方和好，东亚之福』。

第一次世界大战结束后，巴黎和会确认了日本在中国青岛的占领权。中国人民热切盼望着国际社会在战后能够公平地处理青岛问题，没想到西方列强仗势欺人，北洋军阀软弱无能。于是中国的一批爱国青年发起了轰轰烈烈的『五四』运动，军阀政府在强大的压力之下没有在巴黎和会上签字，致使日本的计谋落了空。

（四）五代时期，梁太祖朱全忠虎视镇州，他假援赵抗燕之后，一举达到了图并镇州之实。

唐朝末期，藩镇割据势力进一步发展。唐朝灭亡后，在中原一带相继出现了后梁、后唐、后晋、后汉、后周五个朝代，他们相互争战仇杀，使中原遭受兵燹之灾。当时，河北南部属后梁，中部和北部为三藩镇所割据，即：燕王刘守光割据幽州；赵王王镕割据镇州；义武节度使王处直割据定州。三镇充分利用后梁和后晋之间的矛盾保持割据局面，因而三镇也成为梁、晋争夺的对象。907年，梁太祖朱全忠称帝后，一方面企图以主要力量消灭河东后晋；另一方面对河北三镇虎视眈眈。虽然镇、定二镇依附于他，纳贡称臣，但总是放心不下，担心他们与后晋暗中相通，为晋所用；也恐其将来势力强盛，难以控制。因此，伺机企图兼并。

时值燕、赵频繁交兵，鏖战不已。于是，朱全忠决定以『假援』之谋，图取镇州。910年，赵王王镕的母亲病逝，举国发丧，各方都遣使前往吊唁，朱全忠的使者也在吊丧之列，遂怀疑赵、晋暗通，更加坚定了并灭赵国的决心。这年十一月，燕王刘守光发兵至涞水，欲侵占定州。朱全忠乘此良机，使其『假援图赵』之谋得以付诸实施。其具体谋略行动是：以援赵之名，进兵赵地。朱全忠假援赵抗燕之名，声称为了有效阻止燕军南犯，梁军必须进驻深州、冀州，与赵军并力守城。赵王王镕全无察觉，答应其要求，使得梁军顺利进驻深州、冀州城。

出其不意，轻取二城。朱全忠率领梁军进城后，乘赵军不备，闭门屠杀赵兵。待到王镕发觉朱全忠的企图，急忙派兵援救时，二城已为梁军所有。

『假援图赵』之谋，其成功就在于巧借『援救』之名，乘人之危，使对方丧失警惕。战争是一种诡诈的行为，作战双方都在千方百计欺骗对方，使其失于警惕。因此，『假援图赵』之谋给予后人多方面的深沉思考。现在人们习惯于把那些别有用心的帮助，称之为『假援图赵』。

（五）962年9月，武平节度使兼中书令周行逢病死，年仅二十一岁的儿子周保权继其位领军务。衡州刺史张文表闻周保权立，怒曰：『我与行逢俱起微贱，立功名，今日安能北面而事小乎？』是年十月，周保权遣兵更永州戍。兵出衡阳，张文表遂举兵以叛。

周保权闻张文表为乱，即命杨师潘率军进讨，又遣使求救于宋及荆南，11月，宋太祖以周保权为武平节度使，然后出兵。

12月20日，宋太祖遣中使赵璲带着诏书宣谕潭、朗，听张文表归阙，荆南发兵助周保权。于963年正月，派洒坊副使卢怀忠梁院副使康延泽等率步骑数千赴襄州。接着以山南东道节度使兼侍中慕容延钊为南道行营都部署，枢密副使李处耘为都监，发兵襄阳以讨张文表。

在卢怀忠赴荆南时，宋太祖交代说：『江陵人情去就，山川向背，吾尽欲知之。』

卢怀忠到江陵遣使还报说：『荆南高继冲控弦之士不过三万，年后虽登，民困于暴敛，其势日不暇给，取之易耳。』

于是，宋太祖召宰相范质等人说：『江陵四分五裂之国。今假道出师，因而下之，蔑不济矣。』遂以成算授李处耘等。

李处耘至襄州，先遣阖门使丁德裕高继冲以假道之意，请薪水给军。继冲与其僚佐谋，『以民庶恐惧为词，愿供刍饩百里外（目的使宋军不得进江陵）。』李处耘又遣丁德裕去一趟，其荆南节度使叛官孙宪及衙内指挥使梁延建议予以准许，兵马副使李景威却对高继说：『王师虽假道以收汀、湖，恐因而袭我。愿假兵三千，设伏荆州险隘处，侯其夜行，发伏兵攻其上将，王师必退却，回军收张文表经献于朝廷，则公之功业大矣，不然且有摇尾乞食之祸！』高继冲不听，说：『吾家累奉朝廷，必无此事。』孙光宪说：『李景威乃峡江一民耳，安识胜败？且中国自周世宗时，已有一混天下之志，凡所措置，规模益宏远。今伐文表，如以山压卵耳。湖、汀既平，岂有复假道而去邪？不若以江土归朝廷，则荆楚无祸，公亦不失富贵。』高继冲以为此话有理。李景威知其计不行而叹道：『大事去矣，何用生为！』遂扼颈而死，高继冲也遣梁延嗣与其父高保寅为使，奉牛酒以犒王师。

李处耘率军于二月初九日进至荆门，见梁延嗣，待之有加，梁延嗣喜而报继冲，告以无虞。荆门距江陵百余里，是夕，慕容延钊召使者到帐前宴饮，李处耘密遣轻骑数千倍道而进。高继冲但等使者还报，遽闻宋师掩至，即惶恐出迎，遇李处耘于江陵城十五里。处耘揖继冲，令待延钊之至，而自率军先入江陵城。待高继冲与慕容延钊俱至，李处耘之军则已分据各要冲了。高继冲大惧，乃尽藉其内三州十七县官民钱赋册降。高季昌自梁初割据荆南，至此历五十七年而亡。

（六）339年，桓温率军讨伐燕国。燕王慕容玮派使臣到秦国，提出用虎牢关以西地区送给秦国为条件，请求秦国出兵援助。

秦王苻坚和群臣商议此事。大多数人不同意发兵救燕，因为当初桓温攻打秦国时，燕国袖手旁观。但是，大臣王猛的意见与众不同，他说：『如果桓温占领了燕国，力量就会更加强大，这对秦国是不利的。如果我们同燕国合兵一处攻打桓温，桓温就不是对手。经过交战，燕国的力量会大大削弱，到那时我们可以就地占领燕国。』苻坚听从了王猛的建议，派兵二万去救燕。

在燕秦联合抵抗之下，桓温被迫退出燕国。秦军在燕国撤退之前，就向燕王索要虎牢关以西地区。燕王支支吾吾，有意抵赖。这样正中苻坚的下怀，秦国终于吞并了燕国。

苻坚救燕本来就抱着假道伐虢的想法，燕王自食其言，正好为秦军灭燕提供了口实，

关云长夜走麦城

关羽荆州失守，无计可施，只好匆匆撤退。因为事发突然，也来不及查看地形，结果在麦城遭到伏击，丧命于此。

遭受兵灾的燕国就像板上鱼肉，任秦国随便宰割。

結語 本篇主要论述作战与军事地理的关系，以及观察、利用地形的重要性。『地形者，兵之助也』，即此意。先把战场分为六种，论其性质与战法，其次从军队的素质上分败兵为六种，而唤起将帅的责任心。在六种败军模式中关键在于将帅。『兵无强弱，强弱在将』。古人所讲的『治军』，根本在于训练，训练时，『与其失之宽，不如失之严，法立然后知恩，威立然后知感，以菩萨心肠，行霹雳手段』。

兵法與商道 『知彼知己』，制定营销战略

《地形篇》指出：『知彼知己，胜乃不殆。』『知彼知己』是孙子军事思想的精华。『知彼知己』才可以趋利避害，争取战争的胜利以致于不陷入危机。《孙子兵法》讲的这个道理在如今的商业竞争中也是完全适用的。商业上的『知彼』，要了解的情况有很多，如市场对某种商品的需求量；顾客的经济状况、购买能力、文化层次以及心理特征；竞争对手的分布情况及其实力情况；

消费者对商品的款式以及颜色的喜好；某种商品的销售趋势是趋于旺盛还是趋于冷淡；商品广告采用何种媒体的宣传效果最好；商品的价格定在什么位置上才能既易于销售又能获得非常丰厚的利润等等。诸如此类的问题都要进行调查和研究，知道得越是详细战胜竞争对手的就就会就越大。商业上的『知己』，就是指要更多地了解本商场的地理环境、商品配置、资产总额、营业面积、职工素质、营业额的升降、以往的形象和声誉等等。这样只有『知彼知己』，才能在越来越激烈的商业竞争中不断调整策略，改进措施，最终把经济效益最大化。

北京双安商场位于海淀区的双榆树地区，那里是知识分子相对集中的地方。全区总人口达到一百六十万，其中大专以上学历人口占45%。这里分布着大多数学校和高新技术产业群，拥有三千多家外商投资企业和高新科技企业。人员收入水平也相对偏高，顾客以高级知识阶层的人士居多。这些人的消费特点是：购物的目的性强，时间性也强，自我保护意识强，对商品的包装一般都要求美观大方，购物的环境也要求舒适和清洁，讲究服务质量，注重礼貌待人。在掌握了解了市场的特点和顾客的定位之后，商场就会把自己的营销目标定位在满足高薪族的日常消费、保证工薪族的重点消费的上面。与此同时，商场调整了商品的布局，突出了化妆品、鞋帽以及服装类商品的配置，并筛选了商品的种类。例如主要引进世界品牌的化妆品，并保证化妆品的齐全和用具的完备。做到了『知彼知己』，商场化妆品的经营额一直在全市同类商场的首位，其他商品的销售也随之同步而增长，经济效益大为改观。

郑州市的天然商厦、华联商厦、百货大楼、五彩大世界、亚细亚商场号称郑州五大商场。最近几年，五大商场面临着来自三个方面的压力，一是个体商家，他们的特点是经营方式灵活。二是批发市场和超市，他们有着商品类全、价格便宜的优点。三是消费者的消费趋向的变化，广大市民的消费由传统的吃、穿、用开始向住、玩、行等呈现出了多元化的发展趋势。五大商场在认真分析了市场的情况和各自的优点与缺点以后，决定重新定位，分别形成了自己的营销特色。商厦由综合店调整为以销售服饰为主的实体店铺；华联商厦决定提升自己的经营档次，加大名牌及精品的数量，用以吸引中高收入阶层；百货大楼原是『老字号』的商场，供货渠道好，营销成本低，它就以便宜的价格来赢得广大顾客群；五彩大世界处于黄金地段，它改造为超级百货商场，经营中低档商品，面向大众消费，以『全』来求发展；亚细亚商场则改为精品商场，主营国内外各种名牌和高档商品，适应高档消费者的要求，以『精』而闻名。各商场『知彼知己』，仔细洞察市场动态，找准服务对象，各自的销售额都有了十分明显的提高。

可以看出，《孙子兵法》『知彼知己』的用兵思想，在商业竞争中也是主要的营销谋略思路，切实按照《孙子兵法》『知彼知己』的思想，在商业竞争中掌握市场、顾客、营销对手以及本单位的各方面情况和各种动态信息，就能做到《地形篇》所说的『动而不迷，掌而不穷』，而最终成为竞争中的强者。

李嗣源暗度陈仓救幽州

五代时期，契丹首领耶律阿保机率三十万大军包围了晋国的北方军事重镇幽州（今北京市西南）。晋王李存勖派大将李嗣源统率七万人马增援幽州，解幽州之围。

李嗣源与诸将商议进军之计，说：『敌人多是骑兵，人数众多，又已先处战地，外出游骑没有辎重之忧，而我军多是步兵，人数又少，还必须有粮草随军而行。如果在平原上与敌人相遇，敌军只需把我军粮草截走，我军就会不战自溃，更不用说用骑兵来冲击我们了！』

针对这种不利情况，李嗣源从易州出发，不是走东北直奔幽州，而是先向正北，越过大房岭（今河北房山县西北），然后沿着山涧向东走。

李嗣源率大军餐风饮露，日夜兼程，一直行进到距幽州只剩下六十里远的地方，突然与一支契丹骑兵遭遇，契丹人才发现晋军派来了救兵。契丹兵大吃一惊，慌忙向后撤退，李嗣源与养子李从珂率领三千骑兵紧随契丹人的身后，晋军大部队则紧紧跟随在李嗣源的骑兵后面。不同的是，契丹骑兵行走在山上，晋军行走在山涧中。行至山口，契丹万余骑兵挡住了去路。李嗣源知道成败在此一举，摘掉头盔，用契丹语向敌人喊道：『你们无故侵犯我国，晋王命我率百万之众，直捣两楼（契丹首府），将你们全部消灭！』说完，一马当先，冲入敌阵，斩杀契丹酋长一名。众将士见主帅身先士卒，群情激奋，斗志倍增，纷纷杀入敌阵。契丹骑兵被迫向后退却，晋军的大部队乘机走出山口。

出山之后即是一马平川的大平原。由于失去山地的保护，极易遭受骑兵攻击，李嗣源命令步兵砍伐树枝作为鹿砦，人手一枝，每当部队停下来或遭到契丹骑兵攻击时，即用树枝筑成寨子，契丹骑兵只能环寨而行，而晋军乘机放箭，契丹人马死伤惨重。逼近幽州时，晋军拖后的步兵拖着草把、树枝行进，一时间，烟尘滚滚，契丹兵不知虚实，以为晋军援兵甚多，未战先怯。等到决战来临，李嗣源率骑兵在前、步兵随后，有组织地掩杀过来。契丹兵斗志皆无，丢弃了大量的车帐、牲畜，狼狈逃去。

至此，幽州重镇得以保全。

暗将虚头打进报价

我国有家企业准备从美国厂商进口一套自动化生产线的设备。当我方向美国厂商询问价格的时候，美国厂商欺负我方没有经验，故意提供一个过分详细的报价单。在这个报价单中，他们把设备主机、分机、配件、附件、安装调试、实习、运费、包装费等一一单项列出。为了增加开列的项目，他们还把主机上的主要部件也分开单独计价，这样他们竟然拿出了长达几十页的印得密密麻麻的报价单。美国厂商利用虚虚实实、真真假假的手段，在每个项目中都暗中抬高了售价。虽然每个单项加价的数目不大，不容易引起注意，但其总和却是一个非常惊人的数字。另外，美方还在其中混进了许多根本不需要的备件及易损件，从而达到多推销多得利的目的。

我方人员识破了美国厂商的诡计，经过全面调查和详细核算，以及在谈判桌上的据理力争，美方不得不做出让步，以低于原报价40%的价格签订了合同。

美国厂商在这里用的就是混水摸鱼的计谋。他们故意将报价单列得细密繁琐，使我方人员眼花缭乱，从而达到暗中提价的目的。这告诉我们，在与外商做生意的过程中，要保持头脑清醒，不要被外商的诡计所迷惑，以免上当受骗，给国家造成经济损失。

九地篇第十一

曹操曰：欲战之地有九。〇李筌曰：胜敌之地有九，故次《地形》之下。〇王皙曰：用兵之地，利害有九也。〇张预曰：用兵之地，其势有九。此论地势，故次《地形》。

原文 **孙子曰：用兵之法：有散地，有轻地，有争地，有交地，有衢地，有重地，有圮地，有围地，有死地。诸侯自战其地，为散地①；**曹操曰：士卒恋土，道近易散。〇李筌曰：卒恃土，怀妻子，急则散，是为散地也。〇杜牧曰：士卒近家，进无必死之心，退有归投之处。〇杜佑曰：战其境内之地，士卒意不专，有溃散之心，故曰散地。梅尧臣同杜牧注。〇王皙同曹操注。〇张预曰：战于境内，士卒顾家，是易散之地也。郧人将伐楚师，楚斗廉曰：『郧人军其郊，必不诫；恃近其城，莫有斗志。』果为楚所败（则）是也。**入人之地而不深者，为轻地②；**曹操曰：士卒皆轻返也。〇杜牧曰：师出越境，必焚舟梁，示民无返顾之心。〇李筌曰：轻于退也。〇梅尧臣曰：入敌未远，道近轻返。〇王皙曰：初涉敌境势轻，士未有斗志也。〇张预曰：始入敌境，士卒思还，是轻返之地也。〇尉缭子曰：『征役分军而归、或临战自北，则逃伤甚焉。』言民兵四集，分屯占地，使北来者当北道，则多逃以其开之耳。**我得则利，彼得亦利者，为争地③；**曹操曰：可以少胜众、弱击强。〇李筌曰：此厄喉守险地，先居者胜，是为争地也。〇梅尧臣曰：无我无彼，先得则利。〇王皙同陈皞注。〇张预曰：险固之利，彼我得之，皆可以少胜众，弱胜强者，是必争之地也。唐太宗以五千人守成皋之险，坐困窦建德十万之众是也。**我可以往，彼可以来者，为交地④；**曹操曰：道正相交错也。○杜牧曰：川广地平，可来可往，足以交战对垒。○杜佑曰：交地有数道往来，交相无可绝。○梅尧臣同陈皞注。○张预曰：地有数道，往来通达，而不可阻绝者，是交错之地也。**诸侯之地三属⑤，**曹操曰：我与敌相当，而旁有他国也。孟氏曰：若郑界于齐、楚、晋是也。**先至而得天下之众者，为衢地；**曹操曰：先至得其国助也。○李筌曰：对敌之旁，有一国为之属，先往而通之，得其众也。○杜牧曰：衢地者，三属之地，我须先至其冲，据其形势，结其旁国也。天下，犹言诸侯也。○梅尧臣曰：彼我相当，有旁国三面之会，先至则得诸侯之助也。○王皙曰：曹公云：『先至得其国助。』皙谓先至者，结交先至也。言天下者，谓能广助，则天下可从。**入人之地深，背城邑多者，为重地；**曹操曰：难返之地。○李筌曰：坚志也。白起攻楚，乐毅伐齐，皆为重地。○杜牧曰：入人之境已深，过人之城已多，津梁皆为所恃，要冲皆为所据，还师返旆，不可得也。○梅尧臣曰：乘虚而入，涉地愈深，过城已多，津要绝塞，故曰重难之地。○王皙曰：兵至此者，事势重也。○张预曰：深涉敌境，多过敌城，士卒心专，无有归志，是难退之地也。司马景王谓诸葛格卷甲深入，其锋不可当是也。**行山林、险阻、沮泽，凡难行之道者，为圮地；**曹操曰：少固也。○贾林曰：经水所毁曰圮。沮洳圮地，不得久留，宜速去也。○梅尧臣曰：水所毁圮，行则犹难，况战守乎？○张预曰：险阻，渐洳之地，进退艰难，而无所依。**所由入者隘，所从归者迂，彼寡可以击吾之众者，为围地⑥；**李筌曰：举动难也。○杜牧曰：出入艰难，易设奇伏覆胜也。○杜佑曰：所从入厄险、归道远也，持久则粮乏。故敌可以少击吾众者，为围地也。○梅尧臣曰：山川围绕，入则隘，归则迂也。○张预曰：前挟后险之地，一

出哨诱敌

刘备使黄忠攻打定军山，但是不熟悉地形，曹营这边夏侯渊又坚守不出，黄忠无计可施。一日夏侯渊遣夏侯尚出阵诱敌，黄忠部下陈式请战，夏侯尚假装退败，将陈式引入陷阱，夏侯渊伏兵将其擒住。

夏侯尚

人守之，千人莫向，则以奇伏胜。**疾战则存，不疾战则亡者，为死地。**曹操曰：前有高山，后有大水，进则不得，退则有碍。○李筌曰：阻山背水食尽，利速不利缓也。○贾林曰：左右高山，前后绝涧，外来则易，内出则难，误居此地，速为死战则生。若待士卒气挫，粮储又无而持久，不死何待！○张预曰：山川险隘，进退不能，粮绝于中，敌临于外，当此之际，励士决战，而不可缓也。**是故散地则无战，**李筌曰：恐走散也。○杜牧曰：已具其上。○贾林曰：地无关闼，卒易散走，居此地者，不可数战。地形之说，一家之理，若号令严明，士卒受服，死且不顾，何散之有！○梅尧臣曰：我兵在国，安上怀生，阵则不坚，斗则不胜，是不可以战也。○王皙曰：决于战则俱散。**轻地则无止⑦，**李筌曰：恐逃。○杜佑曰：志未坚，不可遇敌。○梅尧臣曰：始入敌境，未背险阻，士心不专，无以战为。勿近名城，勿由通路，以速进为利。○王皙曰：无故不当止也。**争地则无攻，**曹操曰：不当攻，当先至为利也。○李筌曰：敌先居地险，不可攻。○杜牧曰：无攻者，言敌人若已先得其地，则不可攻也。○梅尧臣曰：形胜之地，先据乎利；敌若已得其处，则不可攻。**交地则无绝**⑧，曹操曰：相及属也。○李筌曰：不可绝间也。○贾林曰：可以交结，不可杜绝，绝之致隙。○杜佑曰：相及属也。俱可进退，不可以兵绝之。**衢地则合交**⑨，曹操曰：结诸侯也。○李筌曰：结行也。○杜牧曰：诸侯，即上文云旁国也。○孟氏曰：得交则安，失交则危也。○梅尧臣曰：地虽四通，何以得天下之助，当以重市合。○王皙曰：四通之境，非交援不强。**重地则掠**⑩，曹操曰：蓄积粮食也。○李筌曰：深入敌境，不可非义失人心也。汉高祖入秦，无犯妇女，无取宝货，得人心如此。○杜牧曰：言居于重地，进未有利，退复不得，则须运粮为持久之计，以伺敌也。○孟氏曰：因粮于敌也。○梅尧臣曰：去国既远，多背城邑，粮道必绝，则掠畜积以继食。○王皙曰：深入敌境，则掠其饶野以丰储也。难地食少则危。**圮地则行**⑪，曹操曰：无稽留也。○李筌曰：不可为沟隍，宜急去之。○梅尧臣曰：既毁记不可依止，则当速行，勿稽留也。○王皙曰：合聚军众，记无舍止。**围地则谋**，曹操曰：发奇谋也。○李筌曰：智者不困。杜牧曰：难阻之地，与敌相持，须用奇险诡谲之计。○杜佑曰：居此当权谋诈谲，可以免难。○梅尧臣曰：前有隘，后有险，归道又迂，则发谋虑以取胜。**死地则战**。曹操曰：殊死战也。○李筌曰：殊死战，不求生矣。○陈皞曰：陷在死地，则军中人人自战。故曰『置之死地而后生』也。贾林曰：力战或生，守隅则死。○梅尧臣曰：前后左右无所之，示必死，人人自战也。

注释 ①诸侯自战其地，为散地：言诸侯在自己领土上同敌人作战，遇上危急就容易逃散，这种地域叫做散地。②入人之地而不深者，为轻地：进入敌地不深，官兵易于轻返的地区叫做轻地。③争地：我军占领有利，敌军占领也有利的地区。④交地：指道路纵横、地势平坦、交通便利的地区。交，纵横交叉。⑤诸侯之地三属：三属，多方毗连，指几个诸侯国国土交界之处。属，连接、毗邻。⑥围地：意谓道路狭隘，退路迂远，敌人能以少击众的地区。⑦无止：此句即不宜停留。止，停留、逗留。⑧交地则无绝：此句意谓在『交地』要做到军队部署上能够互相策应，行军序列不可断绝。绝，隔绝、断绝。⑨衢地则合交：在衢地上要加强外交活动，结交诸侯盟友，以为己援。合交，结交。⑩重地则掠：在敌方之腹地，不可能从本国往复运粮，要就地解决军队的补给问题，故『重地则掠』。掠，掠取、抢掠。⑪行：迅速通过。

譯文 孙子说：按照用兵的原则区分，战场的种类有散地、轻地、争地、交地、衢地、重地、圮地、围地、死地九种。在本国境内作战的地区，叫做散地；进入敌国境内不深作战的地区，叫做轻地；我军占领则对

荆轲刺秦王

荆轲，战国末期卫国人，好读书击剑，为人慷慨侠义。后游历到燕国，由田光推荐给太子丹，拜为上卿。秦国灭赵后，兵锋直指燕国南界。太子丹震惧，与田光密谋，决定派荆轲入秦行刺秦王。前227年，荆轲带燕督亢地图和樊於期首级，前往秦国刺杀秦王。临行前，许多人在易水边为荆轲送行，场面十分悲壮。

我军有利，敌军占领则对敌军也有利的战场，叫做争地；我军可以前往，敌军也可以到来的战场，叫做交地；同时与几个国家接壤，谁先占有就可以与各国结交而得到援助的地区，叫做衢地；深入到敌国腹地，背后有敌国许多城镇的地区，叫做重地；山岭、森林、险阻、沼泽、水网，以及一切难于通行的地区，叫做圮地；进路狭窄，退路迂远，敌军用少数兵力就可以袭击我大部队的地区，叫做围地；奋起速战就可能生存，不奋起速战就可能全军覆灭的地区，叫做死地。因此，在散地不宜轻易进行战争；在轻地不宜停留；遇争地应事先占领，不可等敌人占领后再进攻；在交地要保证行军顺序不脱节不断绝；在衢地应主动结交邻国；深入重地就要掠取敌国粮食，就地补给粮秣；遇到圮地要迅速通过；陷入围地要设奇谋突围；到了死地只有奋勇作战，死里求生。

釋例一 383年1月，前秦苻坚派吕光统兵十五万、骑五千征西域。苻坚败绩后，吕光率兵自西域还，军至宜禾。苻坚所任凉州刺史梁熙谋划拒其入境，高昌太守扬翰说：『吕光新定西国，兵强气锐，难以抵挡。高梧谷口险要，宜先据守，夺其水源，彼既困竭，人自投戈。如以为远，不好守，伊吾之关也可据守。若舍此二要，不会有善良之策，这就是「地有所必争」。』梁熙不同意这条计策，最终被吕光所灭。

釋例二（一）前196年，英布造反，向东攻击荆。荆王刘贾逃走而死于富陵。英布尽收其部下，渡淮水攻击楚。楚发兵相战于徐县、僮县之间。楚分兵为三军，想以互相救援为奇策。有人游说楚将说：『英布擅长用兵，人们一向怕他。再说，兵法上说自战于自己土地为散地，容易败散。现在把军队分成三军，英布只要打败其中一军，其余两军必然跟着鸟兽般逃散，怎能互相救援？』主事的人不听。英布果然先打败其中一军，其余二军都散败而逃。这是楚军战于散地而败。

（二）前269年，秦国攻打韩国，军队驻扎在阏与，赵王派赵奢率兵前去救援。一名叫许历的军士对赵奢说：『秦军料不到我们的军队已经到了这里，所以他们的士气相当旺盛，将军一定要厚集兵力，严阵以待，不然的话，是要吃亏的。』

赵奢说：『你下去听候命令吧！』

许历说：『请依法杀我好了。』

赵奢说：『等回到邯郸再说。』

许历又要求陈述战略，他说：『能先占据北山的操胜算，后到的就要吃败仗了。』

赵奢认为可行，立刻派了一万人先行占领北山，秦兵随后也拥到了。两军争夺山头，秦军由于晚了一步而无法上山。赵奢指挥兵士，展开猛烈的攻击，大破秦军，秦军溃散而去。这是秦军攻取争地而失败。

釋例三（一）559年，南朝陈将侯瑱等围攻湘州，并断绝粮援。北周遂令贺若敦率领步骑六千渡江援救湘州。时值阴雨连绵，江水泛滥，周军过江后，江路遂断；粮援既绝，军中人心自危。贺若敦于是分兵抄掠，补给资用。但恐敌军侯瑱等知其粮少，于己不利，就在营内多聚土墩，表面盖上白米，并召集诸营兵士，每人手持一囊，正像发放军

王镇恶蒙冲溯渭

王镇恶，字景略，东晋名将。好读兵书，长于谋略，为刘裕所赏识，后追随刘裕征战东西。他善于激励部下，作战时又身先士卒，军队战斗力极强。王镇恶带领部将渡过黄河，一举攻破长安，灭了后秦，为刘裕建宋奠定基础。

粮的情形。还召附近村民，佯作访问，使彼等站在营外遥遥望见营内放军粮情形，然后让他们离去。陈将侯瑱等听到北周军中藏粮的消息，信以为真。两军相持一年有余，侯瑱等竟无法取胜。

（二）前200年，汉高祖征伐匈奴，至平城，为匈奴围困在白登，经过七天，没有食物可吃。陈平令画工画美人图，密遣人送给匈奴单于的正妻阏氏说：『单于围汉甚急，汉将以美人献给单于。』阏氏怕单于接美人，她的宠位被夺，遂对单于说：『汉天子亦有神灵，得其土地，也不能归我所有。』于是单于令大军解围北归。

（三）399年，后凉天王吕光派其二子吕绍和吕纂征讨段业。段业求救于南凉秃发乌孤。秃发乌孤遣将率兵援助段业。吕绍认为段业等军势颇盛，想从三门关挟山向东列阵。吕纂说：『挟山示弱，不如结阵向前冲去，敌必惧而不战。』吕绍即领军南进。段业要挥军进攻，沮渠蒙逊说：『绍、纂之军在死地，必决战求生。不与交战则有大山之安，战则有累卵之危。』段业遂按兵不动，绍也无计可施，双方各领兵而退。

（四）前209年七月，秦朝大规模征兵去戍守渔阳，陈胜被任命为带队的屯长。他与另外九百名穷苦的农民在两名秦吏的看押下，日夜兼程向渔阳进发。当队伍走到蕲县大泽乡时，不巧遇到了连日的大雨，道路完全被洪水阻断，人们无法通行。眼看着到达渔阳的期限将至，可队伍却迟迟不能前进，大家焦急万分，不知怎么办才好。因为按照当时秦朝的法律规定，凡是戍边的兵丁，如果不能准时到达指定地点，一律要处斩。就在这生死存亡的关键时刻，陈胜决定谋划起义。当天夜里，陈胜找到了另一位屯长吴广。

他对吴广说：『渔阳远在千里之外，我们无论如何也不能按期抵达了。现在，我们去也是死，逃走再被抓回来也是死，反正都是一死，还不如拼一把，干一番大事业。』陈胜接着对当时天下局势进行了分析：『如今天下人忍受秦朝的暴虐统治已经很久了，百姓对朝廷的募役刑罚、苛捐赋税已经到了忍无可忍的程度。我听说，当今皇帝胡亥是秦始皇的小儿子，本来应该是贤能的长子扶苏继承皇位，可他却被二世杀害了；过去楚国的名将项燕，战功卓着，爱兵如子，很受人拥戴。而现在天下百姓并不清楚这两个人是生是死，我们不如以他们的名义号召天下人起义，来反抗秦朝的暴政。』吴广觉得陈胜的主意正符合当时的人心，因此完全支持他的决定。

由于当时盛行预测吉凶的占卜活动，陈胜和吴广经过周密的策划，专门找了一个负责占卜的人的卜问吉凶。这位卜者知道了二人的用意，也很支持他们，于是就说他们将获得成功，并且建议他们再向鬼神卜问一下。

陈胜、吴广听了以后十分高兴，并且悟出了借助鬼神来『威众』的启示。于是，他们两人在一块绸帕上用朱砂写下了『陈胜王』三个大字，然后把绸帕塞到渔民捕获的鱼肚子里。有的戍卒买鱼回来吃，发现了鱼肚之中的绸帕，觉得十分惊奇。陈胜又让吴广潜伏在营地旁边的一座破庙里，在半夜点起篝火，并且模仿狐狸的声音，大声喊叫：『大楚兴，陈胜王！』戍卒们在睡梦中被惊醒，感到十分惊恐。第二天早上，戍卒们对陈胜指指点点，议论纷纷。陈胜对待下属本来就热情谦恭，现在『上天』又把大楚复兴的大任放在陈胜肩上，这样，他在戍卒心目当中的威望就更高了。

陈胜见时机已经成熟，就让吴广故意激怒押送他们戍边的将尉。这两名将尉果然中计，不断责骂、鞭打吴广，这引起了戍卒们的强烈不满。吴广在争斗中，夺下了一名将尉的佩剑并将其杀死，陈胜也趁势杀死了另一名将尉。

然后，陈胜把九百名戍卒召集到一起，高声说道：『各位兄弟，我们现在遇上了大雨，已经不可能按期到达渔阳了。按照律法，耽误了时间大家都要被砍头，即便侥幸不被处死，去戍守边塞也很有可能要送命。』

他见戍卒们听得很认真，就继续说：『大丈夫不死则已，要死就要成就一世英名。那些王侯将相，他们生来就是贵族种吗？』陈胜的这番铿锵有力的宣言，说出了戍卒们的心声。大家对秦王朝的愤怒如同决堤的洪水般奔涌而出，于是齐声高呼：『我们都愿意服从您的号令！』

于是戍卒们在陈胜、吴广的带领之下，筑坛盟誓。陈胜、吴广按照事先的谋划，以公子扶苏、楚将项燕的名义，宣布起义。大泽乡起义就这样爆发了。这正是置之死地而后生的结果。

原文 **所谓古之善用兵者，能使敌人前后不相及①，**梅尧臣曰：设奇冲掩。**众寡不相恃②，**梅尧臣曰：惊挠之也。**贵贱不相救③，**梅尧臣曰：散乱也。**上下不相收④，**梅尧臣曰：仓惶也。**卒离而不集⑤，兵合而不齐。**李筌曰：设变以疑之。救左则击其右，惶乱不暇计。○孟氏曰：多设疑事，出东见西，攻南引北，使彼狂惑散扰，而集聚不得也。○梅尧臣曰：或已离而不能集，或虽合而不能齐。○王皙曰：将有优劣则然；要在于奇正相生，手足相应也。○张预曰：出其不意，掩其无备；骁兵锐卒，猝然突击。彼救前则后虚，应左则右隙；使仓惶散乱，不知所御，将吏士卒，不能相赴；其卒已散而不复聚，其兵虽合而不能一。**合于利而动，不合于利而止⑥。**曹操曰：暴之使离，乱之使不齐，动兵而战。李筌曰：挠之令见利乃动，不利则止。○梅尧臣曰：然能使敌若此，当须有利则动，无利则止。○张预曰：彼虽惊扰，亦当有利则动，无利则止。**敢问：『敌众整⑦而将来，待之若何？』**梅尧臣曰：此设疑以自问。言敌人甚众，将又严整，我何以待之耶？○张预曰：前所陈者，须兵众相敌，然后可为。故或人问武曰：

『彼兵众于我，而又整肃，则以何术待之也？』曰：**『先夺其所爱，则听矣⑧。』**曹操曰：夺其所恃之利。若先据利地，则我所欲必得也。李筌曰：孙子故立此同者，以此为秘要也。所爱，谓敌所便爱也，或财帛子女，吾先困辱之，则敌进退皆听也。○杜牧曰：据我便地，略我田野，利其粮道，斯三者，敌人之所爱惜倚恃者也。若能俱夺之，则敌人虽强，进退胜败，皆须听我也。○陈皞曰：爱者不止所恃利，但敌人所顾之事，皆可夺也。○张预曰：武曰：『敌所爱者，便地与粮食耳；我先夺之，则无不从我之计。』**兵之情主速⑨，乘人之不及，由不虞之道⑩，攻其所不戒也。**曹操曰：孙子应难以覆陈兵情也。

注釋

①前后不相及：前军、后军不能相互策应配合。及，策应。②众寡不相恃：此言军中主力部队与小分队不能相互依靠和协同。众，指大部队。寡，指小分队。恃，依靠。③贵贱不相救：指军官和士卒之间不能相互救助。贵，军官。贱，士卒。④上下不相收：言军队建制被打乱，上下之间失去联络，无法聚合。收，聚集、联击。⑤卒离而不集：言士卒分散难于集中。离，分、散。集，集结。⑥合于利而动，不合于利而止：意谓对我方有利则战，不利则不战。合，符合。动，作战。止，不战。⑦众整：人数众多且阵势严整。⑧先夺其所爱，则听矣：此句意谓要首先攻取敌人的要害之处，敌人就会不得不听从我的摆布了。爱，珍爱，引申为要害、关键。听，听从、顺从。⑨兵之情主速：此句言用兵的主旨重在迅速。情，情理。主，重在、要在。速，迅速、疾速。⑩由不虞之道：此句意谓要走敌人预料不到的路径。由，经过、通过。不虞，不曾料想、

不曾意料到。

譯文 古代善于指挥作战的人，能使敌军前队与后队不能互相策应，主力部队与小分队不能相互配合，长官与士卒不能互相救援，上级与下级失去联络不能协调，士卒溃散就再难走到一起，集合起来的部队阵形不能整齐。对自己的军队来说，则是有利于我就战，不利于我就不战。试问：『假如敌人众多而且阵容齐整来向我进攻，该怎样应付它呢？』答案是：『抢先夺取敌人最关键最重视的有利地方和东西，敌人就不得不听从我的摆布了。』用兵的情理重在快速：乘敌人措手不及的时机，走敌人料想不到的道路，攻击敌人没有戒备的地方。

釋例四 1035年，宋仁宗令狄青往讨围困广州的侬智高。狄青自领前军，直指昆仑关。至宾州，适值是日为上元节。狄青令官军各营张灯结彩，宴饮尽欢。首夜宴将佐，乐饮达旦。次夜宴一般军官，直至二鼓，兴味盎然。狄青称身体不适，暂起入内，传谕军官尽量饮酒，待翌晨下令进关。黎明，帐前传令官告诸将道：昨夜三鼓时，元帅已夺昆仑关了。

釋例五 前224年，秦王派王翦率领六十万人进攻楚国，到达了平与。楚人听说王翦增添了兵马前来，就把国内的军队都调来抵御；王翦坚守营垒不与楚人交战。楚人多次挑战，秦军始终不出。王翦每天休整士兵，让他们梳洗沐浴，还给好伙食，加以慰抚，自己和士卒们一起用饭。过了一些时候，王翦派人问军中在玩什么，回答说：『正在投

班超

班超是班固之弟，为人胸有大志，内孝恭敬。他博览群书，能审察事理。东汉名将班超，早年曾与郭恂一起被派遣出使西域。刚到鄯善国时得到了十分周到的款待，后来国王的态度却改变了。班超猜想一定是北匈奴派从中作梗。班超独自率领三十六人，一举拿下匈奴军营，鄯善国举国震惊。

石块、跳跃。』王翦说：『可用了！』这时楚军找不到战机，就向东转移。王翦率军追赶，派壮士出击，大破楚军，到达蕲南，杀死了楚将军项燕，楚军就此溃败奔逃。王翦乘胜平定城邑。第二年，王翦、蒙武俘虏楚王，把楚国改置了楚郡。

原文

凡为客之道①，深入则专②。主人不克③，掠于饶野，三军足食；谨养而勿劳④，并气积力⑤；运兵计谋，为不可测⑥。曹操曰：养士气、并兵力，为不可测度之计。投之无所往，死且不北⑦。死焉不得⑧，曹操曰：士死安不得也。士人尽力。曹操曰：在难地，心并也。兵士甚陷则不惧，无所往则固，深入则拘⑨，曹操曰：拘，专也。不得已则斗。曹操曰：人穷则死战也。是故其兵不修而戒⑩，不求而得，不约而亲⑪，不令而信⑫。曹操曰：不求索其意，而自得也。禁祥去疑⑬，至死无所之⑭。曹操曰：禁妖祥之言，去疑惑之计。一本作至死无所灾。吾士无余财，非恶货也；无余命，非恶寿也。曹操曰：

皆烧焚财物，非恶货之多也；弃财致死者，不得已也。**令发之日，士卒坐者涕沾襟⑮，偃卧者涕交颐⑯。**曹操曰：皆持必死之计。**投之无所往者，诸、刿之勇也⑰。**

注释

①为客之道：离开本国进入敌国作战的规律。客，客军，指离开本国进入敌国的军队。②深入则专：此言军队深入敌境作战，就会齐心协力、意志专一。专，齐心、专心。③主人不克：即在本国作战的军队，无法战胜客军。主，在本地作战。克，战胜。④谨养而勿劳：认真地搞好休整，不要使将士过于疲劳。谨，注意、注重。养，休整。⑤并气积力：意谓保持士气，积蓄战斗力。并，合，引申为集中、保持。积，积蓄。⑥为不可测：使敌人无从判断。测，推测、判断。⑦投之无所往，死且不北：将士兵置于无路可走的境地，虽死也不会败退。投，投放、投布。⑧死焉不得：此句意谓士卒死且不惧，那还有什么不能做到呢。焉，疑问代词，何、什么的意思。⑨深入则拘：军队进入敌境已深，则军心凝聚。拘，拘束、束缚，这里指凝聚。⑩是故其兵不修而戒：指士卒不待整治督促，就知道加强戒备。修，修治、修明法令。戒，戒备、警戒。⑪不约而亲：指不待约束就做到内部的亲近团结。约，约束。亲，团结。⑫不令而信：不待申令就能做到信任服从。信，服从、信从。⑬禁祥去疑：禁止占卜之类的迷信，消除疑虑和谣言。祥，吉凶的预兆，这里指占卜之类的迷信活动。⑭至死无所之：即使到死也不会逃避。之，往。⑮士卒坐者涕沾襟：坐着的士卒热泪沾满衣襟。涕，眼泪。襟，衣襟。⑯偃卧者涕交颐：躺着的士卒则泪流面颊。偃，卧倒。颐，面颊。⑰诸、

刿之勇也：像专诸、曹刿那样英勇无畏。诸，专诸，春秋时吴国的勇士。前515年，专诸在吴公子光（即阖闾）招待吴王僚的宴席上，用藏于鱼腹的剑刺死吴王僚，自己也当场被杀。刿，曹刿，春秋时期鲁国的武士。在齐鲁柯地（今山东东阿）会盟上，他挟持齐桓公，迫使齐同鲁订立盟约，收回为齐所侵的鲁国土地。

譯文 进入敌国境内作战的一般规律是：深入腹地作战，将士们就会意志专一，敌人将不能战胜我们；在丰饶的田野上掠取粮草，使全军人马有足够的食物；注意休整使军队不过于疲劳，凝聚士气积蓄力量；部署兵力，巧用计谋，使敌人无法揣测我军的动向和意图。把部队投入无路可走的绝境，士兵就会宁死不退；士兵既然连死都不怕，还有什么事情办不得呢？那样，全军将士必然会竭尽全力与敌人殊死作战。士卒们深陷绝境，反而会无所畏惧；无路可走了，军心反而能稳固；越是深入敌境，部队的凝聚力就越强；在被逼无奈的情况下，将士们就会殊死战斗。正因如此，这样的军队不需要整饬就会自觉加强戒备，无需强求就能完成自己的任务，无需多加约束便能亲密团结，不需要三令五申，就能遵守纪律。禁止迷信，消除疑虑，部属就能战斗到底而不会逃跑。我军的将士没有多余的钱财，并不是他们不爱财物；他们将生死置之度外，并非是不想长命。出征命令颁布之日，士卒坐着的，眼泪流湿了衣襟；躺着的，眼泪流满了脸颊。使他们处在走投无路的绝境，他们就会像专诸、曹刿一样的勇敢了。

釋例六 前227年，秦国军队已经到达易水，要攻灭燕国了。燕太子丹便派荆轲进献督亢的地图给秦国，乘机刺杀秦王。

太子丹和宾客们都着白衣白帽到了易水边上送行，饯行之后要上路入秦了。大家唱起歌来，荆轲上前唱道：『风萧萧兮易水寒，壮士一去兮不复还。』唱出悲壮慷慨的『羽声』调子，连送行的人都热血喷涌，怒发冲冠。

释例七（一）专诸，春秋时吴国的勇士，由伍子胥介绍给公子光。前515年，公子光要杀吴王僚而自立。一天，公子光预先埋伏甲兵在地下室里，一面备好酒筵，请吴王僚来赴宴。吴王僚派他的卫士排成队伍，从宫里直到公子光家中。所有门户阶沿左右各处，都是王僚自己的亲戚，站在王僚两旁拥护着。酒喝到尽兴之后，公子光假说是头痛，走到地下室里，叫专诸在鱼炙的腹里放匕首，端了进去。走到王僚面前，专诸擘开鱼腹，就拿那把匕首去刺杀王僚，王僚立刻被刺死了。左右武士也杀了专诸。公子光出动他预先埋伏的甲兵，把王僚的人统统杀了。于是公子光自立为王，这就是吴王阖闾。

（二）曹刿，又名曹沫，是鲁国武士，以力大勇敢著称。鲁公喜好勇力，于是以曹沫为将，与齐国交兵，结果三战三败，鲁公很是害怕，于是准备割地以求和。但仍用曹沫为将。

齐桓公答应和鲁公在柯地会盟。正当桓公与鲁公在坛上盟誓时，曹沫手持匕首冲上坛去，劫持了齐桓公，桓公左右怕伤到主公，不敢轻举妄动。他问曹沫：『你想怎样？』曹沫说：『齐强鲁弱，您以大国欺负鲁国太过分了。现在鲁国城墙倒塌就会压到齐境，大王您看怎么办呢？』

桓公被迫答应归还侵夺的鲁国的土地。桓公话说完后，曹沫扔下匕首下了坛，站在群臣之中，面色不变，辞令如故。桓公大怒，想毁约食言。管仲劝道：『不可。如果因贪小利而背信诸侯，就等于失去了天下人心，不如把土地还给他。』

于是桓公尽退还所侵掠鲁的国土。这样，曹沫三战所失的土地又被全数归还。

孙子主张投军于无所往的死地，以加强兵士的牺牲精神，兵士必皆变为专诸和曹刿一样的勇者。

（三）13世纪初叶，崛起于兴安岭的成吉思汗，统率野蛮半开化的民族，东从太平洋，西至俄罗斯，南至印度，征服了渺茫如海的大陆，得力于客兵。那确是基于『无所往、不能逃』——远在几千甚至万里的异域所驱使客军的强点。原来他所统率的纯粹蒙古民族兵很少，其他大部分都是鞑靼以及数百被征服民族所征集的混合军，由于指挥的得法，在置于客军的情况下，恰如多年训练过的劲旅一样，一起决死奋斗；且加以成吉思汗的统御法——严刑峻法，丝毫不宽贷。临阵时，把其他种族军队置于最前线，后方配以亲近的鞑靼，更在最后方配以基本的蒙古军，实施二重三重的督战监视，若有退败者，不问是非，即行斩首。

成吉思汗指挥的客军进入别国作战，无法逃散，只好死战。『死焉不得』，即士卒死都不怕，还有什么不可得呢？

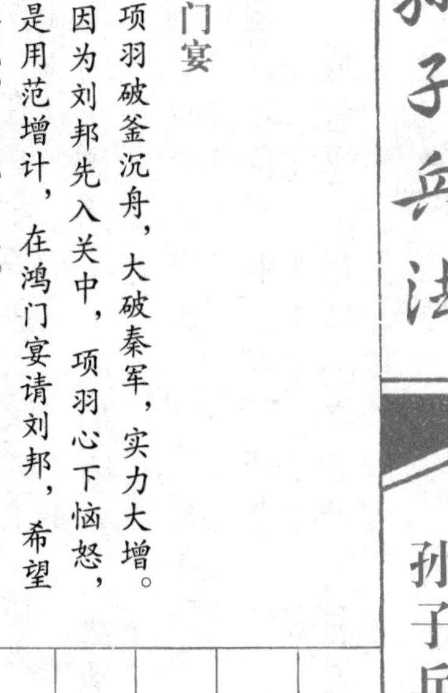

鸿门宴

项羽破釜沉舟，大破秦军，实力大增。后因为刘邦先入关中，项羽心下恼怒，于是用范增计，在鸿门宴请刘邦，希望除掉他，以绝后患。

原文

故善用兵者，譬如率然①。率然者，常山②之蛇也。击其首则尾至，击其尾则首至，击其中则首尾俱至。敢问：『兵可使如率然乎？』曰：『可。』夫吴人与越人相恶也，当其同舟而济，遇风，其相救也如左右手。是故方马埋轮，未足恃也；曹操曰：方马，缚马也。埋轮，恃不动也。此言专难不如权巧。故曰：虽方马埋轮，不足恃也。**齐勇若一，政之道也③；**李筌曰：齐勇者，将之道。○杜牧曰：齐正勇敢，三军如一，此皆在于为政者也。○陈皞曰：政令严明，则勇者不得独进，怯者不得独退，三军之士如一也。○梅尧臣曰：使人齐勇如一心而无法者，得军政之道也。○王晳同梅尧臣注。○张预曰：既置之危地，又使之相救，则三军之众，齐力同勇如一夫，是军政得其道也。**刚柔皆得，地之理也。**曹操曰：强弱一势也。○李筌曰：刚柔得者，因地之势也。○杜牧曰：强弱之势，须因地形而制之也。○梅尧臣曰：兵无强弱，皆得用者，是因地之势也。○王晳曰：刚柔，犹强弱也。言三军之士，强弱皆得其用者，地利使之然也。曹公曰：『强弱一势』是也。〇张预曰：得地利，则柔弱之卒亦可以克敌，况刚强之兵乎？刚柔俱获其用者，地势使之然也。**故善用兵者，携手若使一人，不得已也。**曹操曰：齐一貌也。〇李筌曰：理众如理寡也。〇杜牧曰：言使三军之士，如牵一夫之手，不得已皆须从我之命，喻易也。〇贾林曰：携手，翻迭之貌，便于回运。以前为后，以后为前，以左为右，以右为左，故百万之众如一人也。〇梅尧臣曰：用三军如携手使一人者，势不得已，自然皆从我所挥也。〇王皙曰：携使左右前后，率从我也。〇张预曰：三军虽众，如提一人手而使之，言齐一也。故曰：将之所挥，莫不从移；将之所指，莫不前死。

注释

①率然：古代传说中的一种蛇。②常山：即恒山，五岳中的北岳，位于今山西浑源南。西汉时为避讳汉文帝刘恒的『恒』字，改称『常山』。③齐勇若一，政之道也：使士卒齐心协力、英勇杀敌如同一人，这才是治理军队的方法。齐，齐心协力。政，治理、管理的意思。

譯文

擅长统率军队的人，能使部队像率然一样。率然就是常山的灵蛇，打灵蛇的头，它的尾巴就会来救应；打它的尾巴，它的头就会来救应；打它的腰，它的头尾都会来救应。试问：『可以让军队也像常山灵蛇一样吗？』回答是：『可以。』吴国人和越国人本来相互仇恨，但当他们同坐一条船渡河，遇到风暴时，他们相互救助也会像一个人的左手和右手一样。因此，想用缚紧马匹、深埋车轮来向士卒表示死战的决心，是靠不住的。使全军上下同仇敌忾、英勇奋战如同一人，才是治理军队应遵循的

勾践三战灭东吴

勾践乃春秋末年越国国君。曾经战败于吴，后卧薪尝胆，发愤图强，终于灭了吴国。

原则。使刚强的和柔弱的都充分发挥作用，关键在于合理利用地形。所以，善于用兵的人总是能使全军上下团结协作得像一个人，这是由于客观形势迫使，不得不如此。

釋例八

（一）前279年，燕王派骑劫接替乐毅，率军进攻齐国的即墨。田单命令城中的居民，每餐吃饭之前，一定要先在庭院中祭祀祖先，鸟儿被吸引得在城的上空盘旋，飞下来啄食祭品。城外的燕军看到了，不明所以，觉得很奇怪。田单又乘机宣扬说：『神仙由天而降，来授给我天机。』

并且告诉城中的百姓说：『还会有一个神人来当我的军师。』

『我可以做军师吗？』有个小卒问，说完扬长而去。

田单站起来，扶他回来，请他坐在朝东的上座，拜他为师。每次发布号令，必说是宣达神师的意旨，遂有『火牛阵』败燕的胜利。

（二）317年，刘聪派他的堂弟刘畅带了三万人马来到荥阳，在离李矩驻地七里的地方安营扎寨，派出使者招降李矩。李矩仓卒之间来不及部署抵抗，便口头上答应投降，派老弱残兵送去几十车牛肉和美酒慰劳。刘畅信以为真，毫无顾虑地大吃大喝，特别是将领们都醉得东倒西歪。李矩准备当夜偷袭，但士兵们害怕刘畅兵强马壮，面有惧色，动作迟缓。

附近有一个古代郑国政治家子产的祠庙，李矩暗下叫巫者扬言说：『子产显灵了，吩咐大家进攻，他马上派天兵天将来助战！』当时将士们都很迷信，一听此话，胆就大了，人人都争着去参加战斗。李矩挑选了勇士一千人，天色一黑，直冲刘畅大营。汉军醉得烂泥一般，脑袋都不知怎么掉的，被杀了几千人，刘畅单身逃回平阳。

釋例九　（二）417年，晋将王镇恶带领水军通过黄河进入渭水，向长安进军。8月22日早晨，将士吃饱早餐，船队逐渐靠近长安的东渭桥。在一处河岸比较窄、水流特别湍急的地方，王镇恶突然下令，人人都戴盔披甲，拿着武器，迅速上岸，行动迟缓者斩。将士们包括行船的士兵，以为发生非常严重的紧急情况，急忙跃上河岸，顾不得用缆绳拴住兵船。当队列成行时，兵船全部随着汹涌的河水漂走，倏忽之间无影无踪。王镇恶大声对将士们说：『这儿靠近长安的北门，兵船、被服、粮食都被急流冲走了。我们的家都在江后面，离此一万多里，现在只有向前猛进，奋勇杀敌，才可以获得胜利！倘若打败，尸骨也回不到家乡去！没有别的路了，大伙儿一齐努力吧！』说完，他一马当先，将士们万众一心，猛虎似地杀向东渭桥。前来拦击王镇恶的后秦军队士气低落，不战而溃。王镇恶率军从北门进入长安。

（二）817年，李愬计划袭取蔡州。9月，李愬对李佑说：『蔡州精兵都在洄曲和四境拒守，守蔡州城的都是一些老弱残兵，可以乘虚直抵州城，等外边的贼将听到消息，吴元济已经就擒了。』十月，李愬派李佑、李忠义率领三千部队充任前锋，自己和监军率领三千人为中军，叫李进诚率领三千人为后卫。军队出发，不知道去哪里。李愬说：『只管往东走！』走了六十里，天黑了，到达张柴村，把敌人戍卒等全都杀了，占据了栅寨。叫战士好好休息，吃点干粮，整理军备，留下义成军五百人镇守，以阻挡朗山那边的救兵。派丁士良率领五百人破坏通往洄曲和各条道路上的桥梁。再乘夜带领部队开出栅门。将领们请示去哪里，李愬说：『进蔡州城擒捉吴元济。』将领们都大惊失色。这时刮大风下大雪，旌旗被风撕裂，沿路都看到被冻死的战士和马匹，人人都以为必死无疑；但士兵惧怕李愬，无人敢反抗。到了半夜，雪下得越发大了，行军七十里到达蔡州城。自从关少诚抗拒朝廷以来，官军不到蔡州城下已有三十多年，所以蔡州人也不加防范。四更天，李愬到达城下，城里没有一个人发觉。李佑、李忠义用铁锄在城墙上凿出许多可以容脚的小坑，抢先爬上去，壮士都跟上。吴元济被擒。

原文

将军之事①，静以幽②，正以治③。曹操曰：谓清净幽深平正也。〇杜牧曰：清净简易，幽深难测，平正无偏，故能致治。○梅尧臣曰：静而幽邃，人不能测；正而自治，人不能挠。○王皙曰：静则不挠，幽则不测，正则不偷，治则不乱。○张预曰：其谋事，则安静而幽深，人不能测；其御下，则公正而整治，人不敢慢。**能愚士卒之耳目，使之无知④。**曹操曰：愚，误也。民可与乐成，不可与虑始。○李筌曰：为谋未熟，不欲令士卒知之，可以乐成，不可与谋始。是以先愚其耳目，使无见知。○杜牧曰：言使军士非将军之令，其他皆不知，如聋如替也。○梅尧臣曰：凡军之权谋，使由之，而不使知之。○王皙曰：杜其见闻。何氏同杜牧注。○张预曰：士卒懵然无所闻见，但从命而已。**易其事，革其谋，使人无识⑤；**李筌曰：谋事或变，而不识其原。○杜牧曰：所为之事，所有之谋，不使知其造意之端，识其所缘之本也。○梅尧臣曰：改其所行之事，变其所为之谋，无使人之能识也。○王皙曰：已行之事，已施之谋，当革易之，不可再也。○何氏曰：将术以不穷为奇也。**易其居，迂其途，使人不得虑⑥。**李筌曰：行路之使，众人不得知其情。○杜牧曰：易其居，去安从危；迂其途，舍近即远，士卒有必死之心。○陈皞曰：将帅凡举一事，切委曲而致之，无使人得计虑者。○贾林曰：居我要害，能使自移，途近于我，能使迂之，发机微，路人不能知也。○梅尧臣曰：更其所安之居，迂其所趋之途，无使人能虑也。**帅与之期，如登高而去其梯⑦；**梅尧臣曰：可进而不可退也。**帅与之深入诸侯之地，而发其机⑧，**杜牧曰：使无退心，孟明焚舟是也。一本帅与之登高。○陈皞曰：发其心机。○贾林曰：动我机权，随事应变。○梅尧臣曰：发其危机，使人尽命。**焚舟破釜，若驱群羊，驱而往，驱而来，莫知所之。**曹操曰：一其心也。○李筌曰：还师者，皆焚舟梁，坚其志，既不知谋，又无返顾之心，是以如驱羊也。○何氏曰：士之往来，惟将之令，如羊之从牧者。○张预曰：群羊往来，牧者之随；三军进退，惟将之挥。**聚三军之众，投之于险，此谓将军之事也。**曹操曰：险，难也。梅尧臣曰：措三军于险难而取胜者，为将之所务也。○张预曰：去梯发机，置兵于危险以取胜者。此将军之所务也。**九地之变，屈伸之利⑨，人情之理，不可不察。**曹操曰：人情见利而进，遭害而退。○杜牧曰：言屈伸之利害，人情之常理，皆因九地以变化。今欲下文重举九地，故于此重言，发端张本也。○梅尧臣曰：九地之变，有可屈可伸之利，人情之常理，须审察之。

注釋 ①将军之事：此句意谓指挥军队打仗的事。将，用作动词，主持、指挥的意思。②静以幽：静，沉着冷静。以，同『而』。幽，幽深莫测。③正以治：谓严肃公正而治理得宜。正，严正、公正。治，治理、有条理。④能愚士卒之耳目，使之无知：此句意谓能够蒙蔽士卒，使他们不能知觉。愚，蒙蔽、蒙骗。⑤易其事，革其谋，使人无识：变更正在做的事情，改变计谋，使他人无法识破。易，变更。革，改变、变置。⑥易其居，迂其途，使人不得虑：更换驻防的地点，行军迂回，使敌人无法图谋。虑，图谋。⑦帅与之期，如登高而去其梯：此句意谓主帅赋予军队作战任务，要断其退路，犹如登高而去梯，使之勇往直前。期，约定。⑧帅与之深入诸侯之地，而发其机：统帅与军队深入敌国，就如激发弩机射出的箭一般。机，弩机之扳机。⑨九地之变，屈伸之利：对不同地理条件的应变处置，使军队的进退得宜。屈伸，这里指部队的前进和后

马超兴兵取潼关

马超，字孟起，扶风茂陵（今陕西兴平）人。三国时期蜀汉大将。

退。屈，弯曲。伸，伸展。

譯文 主持军政大事，要做到沉着冷静而高深莫测，公正严明而有条不紊。要能蒙蔽士兵的耳目，使他们对军事行动一无所知；变动军队部署，改变原定计划，使别人无法识破机关；经常改换驻地，故意迂回行军路线，让别人无从推断自己的意图。将帅向部下授予作战任务，要像让他登上高处就被抽掉梯子一样，断其后路。将帅率领士卒深入敌国领土作战，要像扣动弩机射出的箭一样，一往直前；烧毁船只，砸破炊具，表示必死决心。指挥士卒像驱赶羊群一样，赶它去就去，赶它来就来，而不让他们事先知道究竟要到哪里去。聚合三军将士，使他们处于险恶的境地，迫使全军拼死奋战，这是将帅统率军队的重要任务。对于九种地形的变化处置、攻防进退的得失利害、将士们心理情感的变化规律，都是将帅们不能不认真研究考察的。

釋例十 前196年，吕后用计诛杀淮阴侯韩信，英布因此心慌。同年夏天，又杀了梁王彭越，淮南王英布因为恐惧也谋反了。他率军向东进攻荆，荆王刘贾逃走而死于富陵。英布尽收其部下，渡淮水击楚。楚发兵相战于徐县、僮县之间。楚军分兵三处，想以互相救援当做奇策。就有人游说楚将说：『英布擅长用兵，人民一向怕他。再说，兵法上很忌讳诸侯在自己本土作战，因为士兵都留意自己的土地，容易散败。现在把军队分成三军，英布只要打败其中一军，其余两军必然跟着作鸟兽散，怎能互相救援？』主事的人不听。英布果然先打败其中一军，其余二军都散败而逃。

释例十一（一）532年，尔朱兆等四路尔朱军陆续到邺，号称二十万。在洹水两岸，扎满营垒。高欢遇大敌，召令所有的部队，骑兵不过二千，步兵也不到三万人。尔朱兆等于韩陵山围高欢，高欢便在山下设圆阵，后面用牛驴连接，自塞归路，以示必死。尔朱兆出营布阵，高欢军擂鼓开战。欢自将中军，命令左军右军奋力向前，拼死决斗。尔朱军腹背受攻，阵势分崩，大败而归。

（二）74年，班超作为汉朝使者去通西域。班超带着三十六个随从和礼物到了鄯善。一天，班超对他的随从们说：『你们跟我到了西域，原是为了立功来的。没想到匈奴的使者到这儿没几天，鄯善王就对咱们不怎么客气了。要是他看咱们人数少，把咱们抓起来，送给匈奴，他向单于立了功，咱们的尸骨都不能还乡了。你们看该怎么办？』随从们说：『我们逃也逃不了啦，是死是活，全听您的！』

班超说：『不入虎穴，焉得虎子，现在只有一个办法最好：趁着黑夜，到匈奴的帐篷周围，一面放火，一面进攻。他们不知道咱们有多少兵马，一定着慌。只要杀了匈奴的使者，鄯善王胆就大了，这样他才敢抵抗匈奴。大丈夫立大功，称英雄，在此一举了。』

大家都说：『好！就这么拼一拼吧！』

半夜里，班超率领着三十六个壮士向匈奴的帐篷那边偷袭过去。那天晚上正赶上刮大风。班超吩咐十个壮士拿着鼓躲在匈奴的帐篷后面，二十个壮士埋伏在帐篷前面，自己跟其余的六个人顺着风向放火。火一烧起来，十个人同时擂鼓、呐喊，其余的人大喊大叫地杀进帐篷里去。匈奴人从梦里吓醒，急得走投无路。班超手起刀落，砍死了三个匈奴兵。其余的壮士杀了匈奴的使者和三十多个随从人员。他们割下使者的头，跑到外边，立刻把所有的帐篷都烧了。班超他们回到自己的营里，天刚刚发白。班超请鄯善王过来。他一看见匈奴使者的人头，又是高兴又是害怕。

班超对他说：『从今以后，只要你一心一意地抵抗匈奴，匈奴就不敢来侵犯你们。』

鄯善王说：『愿意听从汉天子的命令。』

为了表示真心的交好，就叫他儿子跟着班超到洛阳去伺候汉朝的天子。

原文 **凡为客之道，深则专，浅则散。**梅尧臣曰：深则专固，浅则散归。此而下重言九地者，孙子勤勤于九变也。○张预曰：先举兵者为客，入深则专固，入浅则士散，此而下言九地之变。**去国越境而师者，绝地也；**梅尧臣曰：进不及轻，退不及散，在二地之间也。○王皙曰：此越邻国之境也，是谓孤绝之地，当速决其事。若吴王伐齐。近之兵如此者鲜，故不同九地之例。○张预曰：去己国，越人境而用师者，危绝之地也。若秦师过周而袭郑是也。此在九地之外而言之者，战国时间有之也。**四达者，衢地也；**梅尧臣曰：驰道四出，敌当一面。○张预曰：敌当一面，旁国四属。**入深者，重地也；**梅尧臣曰：士卒以军为家，故心无散乱。**入浅者，轻地也；**梅尧臣曰：归国尚近，心不能专。**背固前隘者，围地也；**梅尧臣曰：背负险固，前当厄塞。○张预曰：前狭后险，进退受制于人也。**无所往者，死地也。**梅尧臣曰：穷无所之。○张预曰：左右前后穷无所之地。**是故散地，吾将一其志；**李筌曰：一卒之心。○杜牧曰：守则志一，战则易散。○梅尧臣曰：保城备险，一志坚守，候其虚懈，出而袭之。○张预曰：集人聚谷，一志固守，依险设伏，攻敌不意。**轻地，吾将使之属①；**曹操曰：使相交属。○李筌曰：使相交属。○杜牧曰：部伍营垒，密近联属，盖以轻散之地，一者备其逃逸，二者恐其敌至，使易相救。○杜佑曰：使，相仍也。轻地还师，当安道

田单火牛破敌

田单在国破城危的极端不利态势下，长期坚守孤城，巧妙运用『火牛阵』，夜间奇袭，成为中国古代战史上以弱胜强的出色战例。

促行，然令相属续，以备不虞也。○梅尧臣曰：行则队校相继，止则营垒联属，脱有敌至，不有散逸也。○王皙曰：绝则人不相恃。○张预曰：密营促队，使相属续，以备不虞，以防逃遁。**争地，吾将趋其后；**曹操曰：地利在前，当速进其后也。○李筌曰：利地必争，益其备也。此筌以趋字为多字，○杜牧曰：必争之地，我若已后，当疾趋而争，况其不后哉！○杜佑曰：利地在前，当进其后，争地先据者胜，不得者负，故从其后，使相及也。○梅尧臣曰：敌未至其地，我若在后，则当疾趋以争之。**交地，吾将谨其守；**杜牧曰：严壁垒也。○梅尧臣曰：谨守壁垒，断其通道。○王皙曰：惧袭我也。○张预曰：不当阻绝其路，但严壁固守，候其来，则设伏击之。**衢地，吾将固其结；**杜牧曰：结交诸侯，使之牢固。○梅尧臣曰：结诸侯，使之坚固，勿令敌先。○王皙曰：固以德礼威信，且示以利害之计。○张预曰：财市以利之，盟誓以要之，坚固不渝，则必为我助。**重地，吾将继其食②；**曹操曰：掠彼也。○李筌曰：馆谷于敌也。继一作掠。○贾林曰：使粮相继而不绝也。○杜佑曰：深入，当继其粮饷。○梅尧臣曰：道既遐绝，不可归国取粮，当掠彼以食军。张预曰：兵在重地，转输不通，不可乏粮，当掠彼以续食。**圮地，吾将进其涂③；**曹操曰：疾过也。○李筌曰：不可留也。○杜佑曰：疾行无舍此地。○梅尧臣曰：无所依，当速过。○张预曰：遇记毁之地，宜引兵速过。**围地，吾将塞其阙④；**曹操曰：以一其心也。○李筌曰：以一其心也，○孟氏曰：意欲突围，示以守固。○杜佑曰：塞其阙，不欲走之意。○梅尧臣曰：自塞其旁道，使士卒必死战也。○王皙曰：惧人有走心。○张预曰：吾在敌围，敌开生路，当自塞之，以一士心。齐神武系牛马以塞路，而士卒死战是也。**死地，吾将示之以不活。**曹操曰：

励士心也。〇李筌曰：励士心也。〇杜牧曰：示之必死，令其自奋以求生也。〇贾林曰：禁财弃粮，堙井破灶，示必死也。〇张预曰：焚辎重，弃粮食，塞进夷灶，示以无活，励之使死战也。**故兵之情：围则御**⑤，曹操曰：相持御也。〇李筌曰。敌围我则御之。〇杜牧曰：言兵在围地，始乃人人有御敌持胜之心，相御持也。穷则同心守御。〇梅尧臣同杜牧注。〇张预曰：在围则自然持御。**不得已则斗**，曹操曰：势有不得已也。〇李筌曰：有不得已则战。〇梅尧臣曰：势无所往必斗。〇王皙曰：脱死难者，唯斗而已。〇张预曰：势不可已，须悉力而斗。**过则从**⑥。曹操曰：陷之甚过，则从计也。〇李筌曰：过则审蹑。又云：陷之于过，则谋从之。〇孟氏曰：甚陷则无所不从。〇梅尧臣同孟氏注。〇张预曰：深陷于危难之地，则无不从计。若班超在鄯善，欲与麾下数十人杀虏使，乃谆谕之。其士卒曰，『今在危亡之地，死生从司马』是也。

注釋　①吾将使之属：使之属，使军队部署相连接。属，连接。②继其食：即补充军粮，保障供给。继，继续，引申为保障、保持。③进其涂：要迅速通过。④塞其阙：堵塞缺口。意在迫使士兵不得不拼死作战。⑤围则御：被包围就会奋起抵御。⑥过则从：指身陷绝境士兵就会听从指挥。过，甚、绝。

譯文　在敌国境内作战的一般规律是：越是深入敌国腹地，全军的意志便越是专心一致；进入敌国越浅，军心越容易涣散。离开本国进入敌境作战的地区，叫绝地；四通八达的地区，叫衢地；深入敌国的地区，叫重地；进入敌境较浅的地区，叫轻地；后有险固前为隘路的地区，叫围地；无路可通的地区，叫死地。因此，在散地，我们就要统一部队的意志；进入轻地，我们就要使阵营紧密相连；进入争地，要使后续部队迅速跟进；过交地，要谨慎严密防守；临衢地，要巩固与邻国的结盟；在重地，要重视确保粮草供应不断；经圮地，要加快速度通过；陷围地，就要堵塞缺口；到死地，就要表现出与敌死战到底的决心。因为将士的心理是：陷入了包围便会奋力抵抗；迫不得已的情况下便会拼死奋争；深陷绝境就会服从指挥。

释例十二 （一）527年，梁帝命令曹仲宗伐涡阳，魏遣元昭等率人马十五万来救援。梁将陈庆之与诸将据守涡阳城，与魏军相持。自春至冬，交战近百次，军势已衰。魏的援军还想在军后构筑壁垒，曹仲宗害怕腹背受敌，便和陈庆之商议退军之策。陈庆之说：『两军到此已一年之久，耗费粮饷器材极多，诸军无斗志，都想撤退，这哪里是欲立功名，简直是劫掠骚扰！我听说置兵于死地，方可求生，必须等待敌人合围，然后方可以与敌交战。』仲宗称赞他的计谋，遂从其议。魏军筑城十三座，庆之领兵乘夜静而出，攻陷其四垒，其余九垒兵势仍盛，遂置所擒俘虏于前，鸣鼓前进，喊声大振，魏军大败，斩获无数。

（二）945年，杜威奉晋主命会同各军攻泰州，克遂城。杜威闻辽兵约八万人南下，不禁害怕，遂退保泰州，后退至阳城。过了二日，晋军至白团卫村，依险列阵，辽兵又把晋营围住，并用骑兵绕出营后断绝晋军粮道。当天晚上风大，拔木拆屋。晋营中掘井取水，方见泉源，泥辄倒入，人马解渴过甚。符彦卿道：『与其束手就擒，不如宁死报国！』遂与彦泽、元福等出战，皇甫遇等亦引兵出西门，锐不可当，辽兵倒退数百步。彦卿乃呼集诸军，拥万余骑，横击辽兵，呐喊声震动天地。辽兵大败而走，势如崩山。晋军追逐至二十余里。

（三）前207年，秦将王离领兵围巨鹿，楚怀王任命项羽为上将军，领兵前往援救。项羽领全部兵马渡过漳河。过河以后，便把船都敲破，沉入水中，把做饭的锅和蒸饭用的瓦甑，也都敲破；把房屋都烧掉；带了三天的粮食，以此向士兵表示，如不能战胜，就只有死，没有退路。士卒无一人有退回之心。大军一到，便围了王离。楚军勇猛作战，九战九胜，大破秦军，掳获了王离。

原文

是故不知诸侯之谋者，不能豫交；不知山林、险阻、沮泽之形者，不能行军；不用乡导者，不能得地利。曹操曰：上已陈此三事，而复云者，力恶不能用兵，故复言也。〇李筌曰：三事，军之要也。〇梅尧臣曰：已解《军争篇》中。重陈此三者，盖言敌之情状，地之利害，当预知焉。〇王皙曰：再陈者，勤戒之也。〇张预曰：知此三事，然后能审九地之利害，故再陈于此也。**四五者，不知一，非霸王之兵也。**曹操曰：四五者，谓九地之利害。或曰：上四五事也。〇张预曰：四五，谓九地之利害，有一不知，未能全胜。**夫霸王之兵，伐大国，则其众不得聚①；威加于敌，则其交不得合。**李筌曰：夫并兵震威，则诸侯自顾，不敢预交。〇杜牧曰：权力有余也；能分散敌也。〇孟氏曰：以义制人，人谁敢拒？〇陈皞曰：虽有霸王之势，伐大国，则我众不得聚，要在结交外援。若不如此，但以威加于敌，逞已之

强，则必败也。**是故不争天下之交②，不养天下之权③，信己之私④，威加于敌，**

曹操曰：交者，不结成天下诸侯之权也，绝天下之交，夺天下之权，故威得伸而自私。○李筌曰：能绝天下之交，惟得伸己之私志，威而无外交者。○贾林曰：诸侯既惧，不得附聚，不敢合从，我之智谋威力有余，诸侯自归，何用养交之也。不养一作不事。○王皙曰：结交养权，则天下可从；申私损威，则国城不保。**故其城可拔，其国可隳⑤。**

注释 ①其众不得聚：指敌国军民来不及动员和集中。聚，聚集、集中。②不争天下之交：指没有必要争着和其他的国家结交。③不养天下之权：没有必要在其他的国家里培植自己的势力。养，培养、培植。④信己之私：此句意谓伸张自己的战略意图。信，伸、伸展。私，指私志，引申为意图。⑤隳：毁坏、摧毁之意。

译文 因此，不了解各诸侯国的战略目的，就先不能与他们结交；不了解山林、险阻、湖沼等地形，便不能行军打仗；不使用当地人做向导，便不能得到地形之利。这些方面，只要有一方面的情况不掌握，就成为不了争王称霸的强大军队。真正强大的军队，进攻大国，能使敌人的军民来不及动员集中；威力加在敌人头上，就使它的盟国不敢与其配合策应。因此，不必争着与天下诸侯结交，也不用在别的诸侯国培植自己的势力。只要施展自己的战略计策，把兵威加在敌国之上，就可以攻占他们的城池，攻取他们的国家。

释例十三 前484年，吴王夫差征伐齐国，在艾陵打败了齐国。第二年，吴、晋会于黄池。黄池之会，吴晋争长，吴立盟后胜利归国，威加诸侯，诸侯不敢与之争。后越王勾践征伐吴国，吴王请齐、楚援助，齐、楚两国均不应；吴国疲惫不堪，精锐部队都在齐国、晋国死光了，所以越国将吴国打得大败。前473年，越灭吴，吴王夫差自杀。

原文 **施无法之赏①，悬无政之令②；**曹操曰：言军法令不豫施悬之，《司马法》曰：见敌作誓，瞻功作赏。○贾林曰：欲拔城隳国之时，故悬国外之赏罚，行政外之威令，故不守常法常政。故曰：无法无政。○梅尧臣曰：瞻功行赏，法不预设；临敌作誓，政不先悬。○王皙曰：杜偷也。○张预曰：法不先施，政不预告，皆临事立制，以励士心。《司马法》曰：『见敌作誓，瞻功行赏。』**犯三军之众③，若使一人。**曹操曰：犯，用也。言明赏罚，虽用众，若使一人也。○李筌曰：善用兵者，为法作攻，而入不知；悬事无令，而入从之。是以犯众如一人也。○梅尧臣曰：犯，用也。赏罚（犯）严明，用多若用寡也。○张预曰：赏功不逾时，罚罪不迁列；赏罚之典既明且速，则用众如寡也。**犯之以事，勿告以言④；**曹操曰：兵尚诈。○梅尧臣曰：但用以战，不告以谋。○王皙曰：情泄则谋乖。○张预曰：任用之于战斗，勿谕之以权谋；人知谋则疑也。若裴行俭不告士卒以徙营之由是也。**犯之以利，勿告以害。**曹操曰：勿使知害。○李筌曰：犯，用也。卒知言与害，则生疑难。』○梅尧臣曰：用令知利，不令知害。○王皙曰：虑疑惧也。○张预曰：人情见利则进，知害则避，故勿告以害也。**投之亡地然后存，陷之死地然后生。**曹操曰：必殊死战，或在死亡之地，亦有败者。孙膑曰：兵恐不投之死地也。○李筌曰：兵居死地，必决命而斗以求生。韩信水上军，则其义也。○梅尧臣曰：地虽曰亡，力战不亡；地虽曰死，未死战不死。故亡者存之基，死者生之本也。**夫众陷于害，然后能为胜败**⑤。梅尧臣曰：未陷难地，则士卒心不专；既陷危难，然后胜败在人为之尔。○张预曰：士卒用命，则胜败之事，在我所为。

注释 ①施无法之赏：此句意谓施行超出惯例的奖赏。无法，超出惯例、破格。②悬无政之令：颁布打破常规的命令。悬，悬挂，引申为颁发、颁布。无政，即无正，指不合常规。③犯三军之众：此句意谓指挥三军上下行动。犯，使用、指挥运用。④犯之以事，勿告以言：犯，用。之，代词，指士卒。事，指作战。言，指意图、实情。⑤夫众陷于害，然后能为胜败：只有把军队投置于险恶境地，才能取胜。害，害处，指恶劣环境。胜败，指取胜、胜利。

譯文 施行破格的奖赏，颁布非常的号令，指挥全军上下就能像指挥一个人一样。向部下布置作战任务，不要向他们讲明意图；只告诉他们有利的条件，无需指出不利因素。把士兵投到最危险的地区，才有可能转危为安；将士卒陷于死地，才能起死回生；将全军将士陷于危难之中，然后才能赢得胜利。

釋例十四 13世纪初，成吉思汗兴起于蒙古草原，其统率靠『悬无政之令』以保持秩序。发布了超乎常规的法令：『盗马或骆驼者处死刑，强奸者处死刑，受贿赂者处死刑，隐匿他国的奴隶，给予衣服饮食者处死刑，不经许可而擅往援他者处死刑。』这样的『悬无政之令』，比当时欧亚大陆任何国家的军队，其军纪都来得严明，而得以如指挥一人似地指挥几十万大军。

釋例十五 （一）679年，突厥反唐，唐高宗特命令裴行俭为行军大总管，率军杀奔北方。到达单于府北，天晚下营，挖掘工事。行俭左右巡视，忙令将士把军队移至山冈。诸将皆言士卒已安，不宜再动，行俭道：『你等到了明日，自能晓得，快快移营为妙。』将士不敢违拗，这刚迁移，当天晚上风雨暴至，几乎像山崩地塌一般，黎明俯视，见前所营地，水深丈余。大家十分佩服，各入帐问明缘由。行俭笑道：『自今但从我之命令，不必问所由知。』诸将皆默然而退。

（二）前525年，吴国攻打楚国，在长岸作战。楚军大败吴军，得到了吴国的一条叫余皇的船，环绕这条船挖深沟，用炭填满，摆开阵势听候命令。吴国的公子光向大家请求说：『丢掉先王的坐船，难道只是光的罪过？大家也有罪的。请求靠大家的力量夺回来以救一死。』大家答应了。派遣身高力壮的三个人偷偷地埋伏在船旁边，说：『我喊余皇，你们就回答。军队在夜里跟上去。』喊了三次，埋伏的人都交替回答。楚国人上去把他们杀了。吴军杀到，楚军混乱，吴军大败楚军，夺取了余皇回去。

（三）211年，曹操率大军西征，与马超等夹潼关而驻军。马超与曹军交战，战败后执意请求割地，并愿送人质而罢战。曹操假装允许，但暗中布置步骑精锐进攻。马超被击败，逃往凉州，关中一带平定了。部将中有人问曹操：『为什么敌人无法取胜？』

曹操说：『我们一方面备战，另一方面表示我方兵力虚弱，以麻痹敌人。渡过渭水修筑坚固的营垒，敌人来攻，我不出战，以此使其产生骄慢的心理；故而敌人不筑营垒而要求割地。我好言答应了他，这是为了顺从他的心意，使他安下心而不作防备，而我乘机积蓄士卒的力量，一下子发动攻击，造成迅雷不及掩耳之势。用兵的变化，本来就没有一定之规啊！』

释例十六（一）580年，北周相州总管尉迟迥起兵征讨杨坚（隋文帝），杨坚命令韦孝宽引军前往应战。至武陟，与尉迟迥军隔一沁水，两下相持不战。尉迟迥的儿子尉迟敦率众十万，列阵至二十余里，麾兵少退，拟等候军队渡到一半时，然后进攻。孝宽乘势渡桥，鸣鼓齐进。北周兵上前堵截，都被杀退。随即将浮桥焚毁，自断归路，使将士上前死战。将士果然拼命杀去，尉迟敦兵败，奔回邺城。

（二）前204年，韩信在井陉口布背水阵，大破赵军。事后部下问以取胜之理，韩信说：『兵法上不是已经说过吗？投之亡地而后存，陷之死地然后生。』

原文 **故为兵之事，在于顺详敌之意**①，曹操曰：佯，愚也。或曰：彼欲进，设伏而退；彼欲去，开而击之。○李筌曰：敌欲攻，我以守待之；敌欲战，我以奇待之。退伏利诱，皆顺其所欲。○陈皞曰：顺敌之旨，不假多说，但强示之弱，进示之退，使敌心不戒，然后攻而破之必矣。○梅尧臣曰：佯怯、佯弱、佯乱、佯北，敌人轻来，我志乃得。**并敌一向，千里杀将**②，曹操曰：先示之以闲空虚弱之处，敌则并向而利之，虽千里可擒其将也。一曰：并兵向敌，虽千里能擒其将也。○杜牧曰：上文言为兵之事，在顺敌人之意，此乃未见敌人之隙耳。若已见其隙，有可攻之势，则须并兵专力，以向敌人，虽千里之远，亦可以杀其将也。○贾林曰：能以利诱敌人，使一向趋之，则我虽远千里，亦可擒杀其将。○梅尧臣曰：随敌一向，然后发伏出奇，则能远擒其将。

此谓巧能成事者也。曹操曰：是成事之巧也。一作是谓巧攻成事。○梅尧臣曰：能顺敌而取胜，机巧者也。○何氏曰：能如此者，是巧攻之成事也。○张预曰：始顺其意，后杀其将，成事之巧也。

【注释】①在于顺详敌之意：此句意谓用兵作战要审慎地考察敌人的意图。顺，假借为『慎』，谨慎的意思。详，详细考察。②并敌一向，千里杀将：并敌一向，集中主要兵力，选定恰当的主攻方向。杀将，擒杀敌将。

【譯文】所以，指挥战争，在于细致了解敌人的战略意图，然后集中兵力攻击一点要害，便可以千里奔袭擒敌捉将，这就是说巧妙用兵能成就大事业。

【原文】**是故政举之日，夷关折符，无通其使**①，曹操曰：谋定，则闭关梁、绝其符信，勿使通使。○李筌曰：政令既行，闭关折符，无得有所沮议，恐惑众士心也。○张预曰：庙算已定，军谋已成，则夷塞关梁，毁折符信，勿通使命，恐泄我事也。彼有使来，则当纳之。故下文云：敌之开阖，必亟入之。**厉于廊庙之上，以诛其事。**曹操曰：诛，治也。○杜牧曰：厉，揣厉也。言廊庙之上，诛治其事，成败先定，然后兴师。一本作以谋其事。○梅尧臣曰：严整于廊庙之上，以计其事，言其密也。○何氏曰：磨厉庙胜之策，以责成其事。**敌人开阖，必亟人之**②。

曹操曰：敌有间隙，当急入之也。○李筌曰：敌开阖未定，必急来也。○孟氏曰：开阖，间者也，有间来，则疾内之。○梅尧臣同孟氏注。○张预曰：开闺，谓间（间谓）使也。敌有间来，当急受之。或曰：谓敌人或开或阖，出入无常，进退未决，则宜速乘之。**先其所爱，**曹操曰：据便利也。○李筌曰：先攻其积聚及妻子，利不择其用也。○梅尧臣曰：先察其便利爱惜之所也。何氏同杜牧注。**微与之期③。**曹操曰：后人发，先人至。○杜牧曰：微者，潜也。言以敌人所爱利便之处，为期将欲谋夺之，故潜往赴期，不令敌人知也。○梅尧臣曰：微露之期，使间归告，然后我后人发，先人至也。后发者，欲其必赴也；先至者，夺其所爱也。**践墨随敌④，以决战事。**曹操曰：行践规矩，无常也。○李筌曰：墨者，出道也。出迟道而从之恐不及。○贾林曰：刬，除也；墨，绳墨也。随敌计以决战事，惟胜是利，不可守以绳墨而为。○王皙曰：践兵法如绳墨，然后可以顺敌决胜。**是故始如处女，敌人开户；后如脱兔，敌不及拒。**曹操曰：处女示弱，脱兔往疾也。○杜牧曰：言敌人初时谓我无所能为，如处女之弱；我因急去攻之，险迅疾速，如兔之脱走，不可捍拒也。或曰：我避敌走如脱兔。曰：非也。○张预曰：守则如处女之弱，令敌懈怠，是以启隙；攻则犹脱兔之疾，乘敌仓卒，是以莫御。太史公谓田单守即墨攻骑劫，正如此语，不其然乎？

注釋

①政举之日，夷关折符，无通其使：政，指战争行动。此句意谓决定战争行动之时，要封锁关口，废除通行凭证，不同敌国的使节相往来。举，实施、决定。夷，封锁。折，折断，这里可理解为废除。符，通行证。使，使节。②敌人开阖，必亟入之：敌方出现疏隙，己方须不失时机地予以突击。阖，门窗，此处借喻敌方之虚隙。亟，急。

③微与之期：即不要与敌人约期交战。微，不。期，约期。④践墨随敌：此句意谓遵守的原则是随敌情而变化。践，是遵守、遵循的意思。墨，意谓原则。

譯文 因此，在决定对敌作战、举兵出征时，要封锁关口，废除通行证件，不许敌国使者来往；召集群臣，在朝廷反复商讨征伐大计。一旦敌人出现间隙，一定要迅速乘机而入；首先夺取敌人最看重的战略要地，不应轻易与敌人约期决战。破除陈规，一切根据敌情变化，灵活机动地决定自己的作战计划和行动。因此，在战前要像少女那样娴静，不露声色，诱使敌人松懈警惕，门户大开；一旦战争开始以后，就要像脱逃的兔子一样，异常迅速，使敌人措手不及，无法抵抗。

釋例十七 前279年，齐国名将田单准备与燕国开战，先命令武装齐备的精锐部队都埋伏起来，只派那些老弱残兵和妇女站在城头上担任防守任务。部署既定，派遣使者到燕军的营区去接洽投降；而另一方面，商请民间百姓凑集二万多两金子，由即墨城中有名望的富绅为代表，去送给燕的将军，并请求燕军进城后不要掳掠他们族人的家当及妻妾，让他们如往常那样生活。燕国的将领接受了财物，极为高兴地满口答应了。燕国军人的戒备越发松懈了。田单亲自挑选了一千多头牛，并把它们全都打扮起来：每头牛的身上都披着一块被子，上面画着稀奇古怪的花样；牛角上绑着两把尖刀；牛尾巴上还系着一捆浸油的苇束。

一天深夜，田单命人凿开十几处城墙，把牛赶到了城外，然后在牛尾巴上点着了火。

牛尾一烧着，这一千多头牛被烧得兽性发作，朝着燕国兵营的方向猛冲过去。齐军的五千名勇士拿着长矛大刀，紧跟着牛队，冲杀了过去。即墨城里，无数百姓都拿着铜壶、铜盆，一起来到城头，拼命敲打起来。刹那间，震天动地的喊杀声夹杂着鼓声、铜器的敲击声，惊醒了睡梦中的燕军。燕国的士兵们睡眼朦胧，只见火光冲天，成百上千只头上长着刀的怪兽，已经冲到眼前了。许多人吓得腿都软了，根本无法抵抗。不必说那一千多头牛犄角上捆的尖刀扎死了多少人，那五千名齐国勇士砍死了多少人，就是燕军自己狂奔乱窜，被踩踏而死的也不计其数。

燕将骑劫坐在战车上，本想杀出一条活路，结果被齐兵团团围住，丢了性命。齐军趁势反攻，使整个齐国都轰动了，那些过去被燕国占领地方的军民，纷纷起兵，杀死燕国的守将，打开城门迎接田单。田单的队伍打到哪儿，哪儿的百姓就起来响应。没过几个月，田单就收复了被占领的七十多座城，齐国这才从几乎亡国的危险境地中恢复过来。

释例十八（一）周匡王二年秋，楚国爆发大面积饥荒，国力削弱。戎人骚扰楚国边境，占领了大林、阜山、阳丘等地。庸国也趁势打劫，联合周围各夷族部落反抗楚国。消息传出，原本就对楚国觊觎多时的麇国也兴奋起来，他们联合濮族各部落在楚国边境伺机而动。楚国上下，震恐万分，百姓惊慌不已。楚庄王忧心如焚，召来权臣商议，最后决定全力反击，并且集中力量，各个击破。首先攻打国力较强的庸国，庸国一灭，濮族各部落也就不攻自破了。

但是进军途中，楚国不敌庸军，大败一场。楚庄王索性采纳大夫师叔的建议，以退为进，在和庸国的交战中，节节败退。庸军以为楚国元气大伤，于是放松警惕。楚国便暗中与夷族各部落缔结和约，分化庸军的实力，同时对外借兵。诸事毕集后，楚军联合秦和巴军对庸国发动猛烈攻击，打了个措手不及。庸国无力抵御楚国的攻势，迅速败亡。庸国灭后，其他实力弱小的国家和部族震慑不已，纷纷溃散。楚国的危机也由此解决了。

（二）前342年，魏国军队进犯韩国的国都。韩昭侯见魏军来势凶猛，很难抵挡，便派使者到齐国请求援兵。

齐威王召集群臣商议此事。大家议论纷纷，莫衷一是。只有孙膑在一旁一言不发，若有所思。齐威王向孙膑问计，孙膑说：『魏国自恃其武力强大，前年伐赵，今年伐韩，总有一天会侵犯齐国。如果我们现在不出兵救韩，就等于抛弃了韩国而喂肥了魏国，因此不救是没有道理的。可是，魏国刚开始攻打韩国，军队士气正旺，韩国的实力还没有受到挫伤，此时我们出兵救韩，就等于让韩国坐享其成，而使齐国遭受兵难，所以说马上出兵救韩也不是良策。』

齐威王又问：『如此说来，该怎么办呢？』

孙膑回答说：『不如我们先答应韩国的请求，稳住韩国人的阵脚。韩国知道齐国发兵救援，必定会奋力抵抗魏军。我们则隔岸观火、坐山观虎斗，等到两国军队打得精疲力

诸葛亮博望烧屯

博望烧屯用火攻，纶巾羽用笑谈中。浓烟扑面山川黑，烈焰飞来宇宙红。不致夏侯夸勇力，故教诸葛显威风。直须惊碎曹瞒胆，初出茅庐第一功！

尽之时，我们再出兵攻打魏军。这样，既可以保住韩国，又可以不使齐国军队的实力受损，两全其美，何乐而不为呢？』

齐威王闻听大喜，采纳了孙膑的建议，对韩国的使者说：『齐国救兵不日即到。』韩昭侯听说齐国出兵，就壮着胆子与魏军开战。等到韩国实在招架不住的时候，孙膑才率兵前去救韩。

（三）1937年7月，中日两国的战争全面爆发。在刚开始的几年里，美国一方面对中国抗战给予一定的援助和支持，另一方面又对日本采取绥靖政策，纵容日本对中国的入侵。毛泽东一针见血地指出：美国这种两面政策实质上是『坐山观虎斗』。

日本军国主义野心勃勃，企图独占中国，称霸亚洲。因此，美国对日本要充当中国主人的做法极为不满，『不承认』日本对中国领土的占领，对中国的抗战给予舆论上的支持和经济上的援助。然而，美国同时又从自身利益出发，不愿公开与日本作对，侈谈『由美国出面解决中日两国的纠纷』，对中国抗战的正义性质不进行表态。1937年11月，中国代表在布鲁塞尔会议上要求裁决日本侵略者，美国代表的态度十分暧昧，害怕刺激日本而遭报复，只是抽象地说了一通『双方防商、和平解决』等毫无用处的空话。

为了发战争财，美国还向日本出售了大量的作战物资。这种做法无异于帮助日本打中国。据统计，1937年美国对日出口高达2.9亿美元，而以前平均每年仅1.7亿美元，出口产品中60%是石油、石油产品、钢及废钢材等。1938年，美国向日本输出飞机总值1745万美元，比1937年多1500万美元。就连美国商业部也不得不承认日本全部飞机材料都是从美国购置的。日本侵略战争头3年消耗汽油4000万吨，其中70%是由美国供应的。

美国利用中日交战之机，既援助中国，又向日本出售作战物资，坐收渔翁之利。这种『坐山观虎斗』的做法，使日本军国主义愈加猖狂，直到珍珠港事件爆发，美国才知道自己做了一件愚蠢的事。

（四）唐朝末年，藩镇割据，宦官专权，朝臣分党，尤其是经过黄巢大起义之后，『王室日卑，号令不出国门』，唐王朝已经名存实亡。即便如此，朝廷内的政治斗争也没有因『王室日卑』而停息片刻。888年，唐僖宗死后，宦官杨复恭拥立僖宗之弟李晔为帝，是为昭宗。昭宗『体貌明粹，有英气，喜文学，以僖宗威令不振，朝廷日卑，有恢复前烈之志，尊礼大臣，梦想贤豪，践作之始，中外忻忻焉。』不过，这时的宦官与朝官之间的斗争达到白热化，他们各自拉拢藩镇为援助，昭宗虽有大志，很难伸其意，反倒

李陵碑杨业死节

李陵是汉朝著名将领，飞将军李广之孙。出兵匈奴，遭到伏击，不得已投降。武帝大怒，将其满门抄斩。司马迁因为替李陵求情，也被处以宫刑。李陵的遭遇一直让后世人唏嘘不已，尤其是那些受当朝猜疑的臣子。宋朝杨业就是如此。杨业遭人陷害，兵败陈家谷，见李陵碑，悲愤交加，触碑而死。

要为逃避藩镇争斗而避难他方。昭宗即位多年，非但没有夺回权力，反被宦官勾结藩镇，屠杀宗室十一个王。昭宗痛恨宦官，乃与宰相崔胤相谋铲除宦官。

崔胤外结宣武节度使朱全忠为援，内引左神策军指挥使孙德昭为助。宦官也不示弱，他们内控昭宗，外结强藩为援。双方旗鼓相当，各不相让，都很难除掉对方。昭宗感到渺茫，也就变得『多纵酒，喜怒无常』。宦官感觉到昭宗难以控制，乃阴相谋曰：『主上轻佻多变诈，难奉事；专听任南司（朝官），吾辈终罹其祸。不若奉太子立之，尊主上为太上皇，引岐（李茂贞）、华（韩建）兵为援，控制诸藩，谁能害我哉？』900年12月，宦官的左军中尉刘季述、右军中尉王仲先、枢密使王彦范、薛齐偓（当时号为四贵）等发动宫廷政变，陈兵于殿廷，威胁百官联名署状，将昭宗幽禁少阳院，立太子李裕为帝。崔胤虽在兵锋之下联名署状，但内心不甘，暗地侦察四贵之短，于901年正月元旦发起攻击，诛除四贵，迎昭宗复位，平定这场宫廷政变。

唐王朝内部冲突不断之际，朱全忠已兼并河北，染指河中，控制河东，向关中地区发展了。就在诛除四贵之后，神策军指挥权又落到得到凤翔节度使李茂贞支持的宦官韩全诲手中，而崔胤又因欲得军权而得罪李茂贞，只好全心投靠朱全忠。这样，『全忠欲迁都洛阳，茂贞欲迎驾凤翔，各有挟天子令诸侯之意。』崔胤欲诛除宦官，致书朱全忠，让他发兵迎昭宗赴洛阳。韩全诲闻朱全忠发兵，乃勒逼昭宗前往凤翔往依李茂贞。903年，朱全忠数败李茂贞，进军凤翔城下，以兵相逼。李茂贞无奈，只好杀宦官韩全诲等七十余人，交出昭宗，欲与朱全忠和解。昭宗回到长安，实际上是出了狼窝又入虎穴，转为朱全忠所控制。崔胤自以为得计，认为诛除宦官时机已到，乃指责宦官『夺百司权，上下弥缝，共为不法，大则构煽藩镇，倾危国家；小则卖官鬻狱，蠹害朝政』。朱全忠以此为由，『以兵驱宦官第王可范等数百人于内侍省，尽杀之，冤号之声，彻于内外。』宦官集团在崔胤内引外联的压迫下，遭到毁灭性的打击。

崔胤依靠朱全忠的势力，诛灭宦官，排除异己，专权自恣，自鸣得意。孰知前门拒狼，后门引虎。朱全忠自攻破李茂贞，兼并关中，威镇朝野，篡夺之意已经昭彰于内外。在这种情况下，崔胤开始害怕，乃奏请昭宗，重建天子六军，每军步兵六百人，骑兵百人，共六千六百人，以分番侍卫。这一举动引起朱全忠的猜疑，便派朱友谅将崔胤杀死，解散六军，迁昭宗于洛阳，篡夺之势完成。

唐昭宗时的统治集团内部冲突，无论是宦官还是朝臣，都以外引藩镇为援，内控君主以为令，固然都是内引外联的手法，但此时利于相安，保持平衡，谁也不易有大动作，这正是『不可涉大川』的内涵；再加上他们谋夺对方目标明确，不注意、也不会掩饰，这就失去使用这种手法的成功之本，即使在表面上获得一些成功，也肯定是难以持久，乃至招来灭顶之灾的。

（五）战国末期，秦国日益强大，于前230年灭了韩国。后来又灭了赵国、魏国、燕国。秦国乘胜进攻南方的楚国，不料出师不利，战事受挫。

秦王后悔当初没有听老将军王翦破楚的计策，为挽回败局，只好请解甲归田的王翦再次出山。于是，秦王亲自来到王翦的家乡频阳，言辞诚恳地对王翦说：『望将军莫记寡人之过，带兵征楚。即使将军怪罪寡人，也应以国事为重。』于是，王翦受命率60万大军浩浩荡荡向楚国进发。楚王得知后，聚集全国之兵，由楚将项燕统帅，在中山摆阵迎战。

王翦大军到达中山后并没有急于攻楚，而是开沟、垒寨、筑城，只作防御准备。楚军一再挑衅，王翦坚避不肯应战。王翦让士兵吃饱喝足，并让他们做一些跳高、投石之类的体力游戏。

项燕求战心切，经常命楚军前去挑战，搞得人人疲惫、士气消沉。项燕误以为秦军只是在那里驻防而已，渐渐放松了警惕。就在楚军毫无防备的情况下，王翦大军突然发起猛攻。经过一个多月的养精蓄锐，秦军士兵个个像下山的猛虎，楚军哪里抵挡得住，结果被杀得落花流水，伤亡惨重。王翦追击楚军到蕲南，杀死项燕，楚国从此一撅不振。第二年，秦军俘获楚王，灭了楚国，楚地归入秦国版图。

（六）战国时期，七雄争霸，局势混乱。秦国想去攻打魏国，联合赵国出兵夹攻，答应胜利后以魏国邺城（今河北临漳县等地）酬谢。

魏王受到两面攻击，非常恐慌，急召群臣计议，均束手彷徨，无计可施。最后问及芒卯将军。他劝魏王不必忧虑，说：『秦国和赵国本是不和的，今日联军，无非利之所在，想瓜分我国，扩充自己地盘，虽然声势浩大，却各人都打着自己的算盘，最容易分化。这场战争，秦国为主谋，赵国不外一个帮凶罢了。只要给他一点好处，挑拨一下，自然使他们互相猜疑，解散这个联盟了。』

魏王连忙问：『要怎样去进行呢？时间越来越急迫了。』

芒卯说：『臣介绍张倚去，保管会成功！』

张倚到了赵国，见了赵王，传达来意之后，便说：『邺城这个地方，照目前的形势来看，是绝不可以继续保留下去的了，迟早都要陷落，现在大王既然联合秦国来进攻我国，目的也不外要求土地，为了避免战火，魏王有意把邺城献给大王，大王意下怎样呢？』

赵王听了，心里非常高兴，却问：『两军未经交锋，便自动献送城池，究竟魏王有什么打算？』

『事情很简单，』张倚不亢不卑地对赵王说：『两军虽然未曾交锋，但兵凶战危，死伤必多，且会蹂躏地方上的一切生灵，所谓师之所处，荆棘生焉，大军过后，必有凶年。魏王以仁慈治国，甚不愿老百姓遭遇浩劫，土地上千孔百疮，所以决然求和平解决！』

『但魏王对我存有什么希望吗？』

『那是必然的。』张倚说，『这是和平解决，绝不是无条件投降，魏王在无可奈何的时候，当然亦会选择利害。魏与赵，过去曾合作结盟过，有着共患难的情谊；魏与秦是世仇，何况秦乃虎狼之国，秦兵实凶悍如禽兽，与其国土沦为夷狄，不如托管于朋友，这是很明显的趋势。照魏王本意大王如愿和魏王做朋友，就与秦国断绝邦交，以邺城作为朋友间的交换条件；不然的话，魏国人民惟有焦土抗战到底，与国土共存亡，请大王慎重计算一下！』

赵王沉思一番，然后说：『待我考虑考虑，明天再给你答复。』

赵王召见相国，把张倚的话告诉他，相国说：『联合秦国去打魏国，所得到的不外一个邺城，现在不用兵就能达到目的，何乐而不为呢？况且一旦魏国落入秦国手里，秦与赵的强弱形势更加悬殊，秦国随时可以掉转枪头对付赵国，这就是蚕食政策，不如现在趁机会得点好处，保全魏国，牵制秦国，以巩固自己边防，这就是长久之计。』

于是，赵王答应魏国的条件，立即宣布与秦国断绝来往，下令关闭关卡，不准秦国人通过。

秦王惊闻意外消息，大发雷霆，认为赵王有意玩弄他，便下令军队返回防地，取消进攻魏国计划，反而仇视赵国，展开一场冷战。这一场战争尚未打起来时，赵王为要实践密约，派军队去魏国接收邺城。

邺城的守将芒卯严阵以待，拒之于边境之外，问赵军是来闯祸抑或赠庆，赵将说乃奉赵王之命，为实践密约来接收邺城的。

『狗屁！』芒卯厉声说，『本将坐镇此城，守土有责，岂是留守办移交的吗？』

『这是外交上的一项秘密协定，魏王已答应了的！』

『什么秘密协定？是魏王亲口答应的吗？是亲笔签了字的吗？拿出证据来！』

『难道魏王的特使张倚说的话不算数？』

『特使？张倚说的？你问他要好了！魏王没有命令通知我，我没有责任放弃这个邺城，你想要，可问问我的部将答不答应！我特别警告你，限你即刻离开此地，否则，教你来时有路退时无门！』

赵将垂头丧气地回去了，报告赵王，赵王大惊，才知上了魏国的大当。再者也听说秦国正在动员魏国，秦魏要缔结军事同盟，进攻赵国。赵国更加惶恐万分，于是召开紧急内阁会议，结果，自动割让五个城池给魏国，赵魏联合抗秦。

結語 本篇主要论述战略地形。九地为九种不同的作战区域，是按战场位置和战略影响来划分的，并针对各种地形的不同特点，提出相应的作战策略与处置方法。

《地形篇》之『地』为单纯地形，与《九地篇》之『地』不同。九地当是指士卒心态、诸侯态势、敌我形势等具有战略影响的因素。士卒有士气才能保证『百战不殆』。士气最重要的在于将帅的激励。蒙哥马利说：『没有高涨的士气，不论战略战术以及其他一切工作如何完善，也不能取得胜利，旺盛的士气是无价之宝。』拿破仑指出：『狂热的信仰，爱国的情绪，民族的光荣等等……都能增强部队的战斗力。』曹刿论战时说，『夫战，勇气也。一鼓作气，再而衰，三而竭』，就明确指出了士气的重要性。

随敌应变观点是从敌变我变来阐述的。见机行事，灵活多变，变化莫测。要知变善变，才能出其不意，攻其不备，攻无不克，战无不胜。

兵法與商道　杨森攻坚夺魁名扬四海

《孙子兵法》九地篇的『九地』是指战士的心态、各诸侯的态势以及敌我形势等具有战略意义的因素。其中，高涨的士气可以说是具有根本性的作用。1989年、1990年两年，我国经济处在调整阶段，银根紧缩，市场销售普遍不旺。刚成立不久的西安杨森产品刚刚上市就面临这种困境。但杨森人却没有坐叹自己的产品生不逢时，反而视困境为增强竞争力的机遇，凭借产品质量高、品种多、剂型全的优势，信心百倍地走向市场。

为了让自己的产品能打开销路，杨森公司制定了『摧其坚，夺其魁』的公关战略。他们紧紧抓住医药相连这根线，提出了『让每一个中国医生都了解西安杨森的产品』这一口号。

结合我国医药市场的特点，借鉴西方市场的营销策略，发明了一套独具特色的『三角形宣传模式』。位于『三角形』顶端的是由医药界名流、权威组成的杨森科学委员会，负责公司的产品、科研、管理等进行高层次的指导工作。在社会上，这些社会名流的介绍推荐非常有效，其宣传效果远非商业性广告可比。『三角形』的中间部分，面向医务人员，特别是有处方权的中青年医生，他们知药、懂药，对药品可以主动选择，直接接受。通过报刊、电台、电视台进行广泛的宣传，吸引广大消费者，就构成了『三角形』雄厚坚实的底部基础。这套宣传模式是以医药界名流、权威作为龙头，抓住了这个龙头，也就起了以点带面的作用，影响了社会的不同阶层，影响面之广是一般宣传形式所不能比的，这在树立公司良好形象、提高新产品知名度方面，起到了积极有效的作用。

在武汉召开的全国医药订货会上，公司利用报纸、电视、路牌、车身巨幅标语、气球标语等广泛宣传，令西安杨森公司名声大振，一次订货就达1500万元。公司为新产品宣传所进行的公关活动光1990年就举办大型新产品宣传会51次，与会者达6400多人；召开小型医院座谈会115次，共有7400多人参加。1990年的广告费用500万元，而销售收入达到了1.89亿元。

地产公司夺其魁首智胜镇政府

《孙子兵法》九地篇强调要针对各种不同的地形所具有的不同特点，提出相应的作战策略与处置办法。通过敌变我变来阐述应该随机应变。见机行事，灵活多变，知变善变，才能攻无不克，战无不胜。尼尔伦伯格律师事务所附近的H镇有家铁路公司，公司的财务状况令股东们完全丧失了信心。早在三四十年代它就用占用和租赁来的土地资产抵押，还发行了债券，但所得资金却因铁路经营不好而亏损大半，只得又卖了剩余资产中一部分土地，才避免破产。

到了六十年代，如果没有大笔资金涌入，只能宣告倒闭。它的不动产部急忙找到当地的地产公司，迫不及待地提出要用铁路公司过剩地产赚钱的意向。经过反复推敲，仍是没有办法逾越『合法性』这个障碍，因为铁路公司没有拥有这些土地的全部产权，这些地产只要不再用于铁路事业，原主就会收回土地。地产公司拿不到铁路公司地产的完整地契也就没办法达成交易。不过地产公司怎么肯放走送到嘴边的肥肉，于是请尼尔伦伯格律师事务所给出主意。得到的锦囊妙计是不买，租，租用99年。

地产公司按照尼尔伦伯格律师事务所设计，首先抓住铁路公司法委顾问与土地托管人，取得建筑许可证，借着抓住以共和党组成的镇政府不放，从而成功地完成了这笔交易。

日美汽车之战

《孙子兵法》九地篇中的『九地』是按照战场位置和战略影响划分为九种不同的作战区域的，并根据这些地形的不同特点，提出相对应的应对策略和处理办法。在现代商战中，不同时期，不同国家，不同人群等一系列条件考察，将会对胜负起到关键性的作用。上个世纪，美国享有『汽车王国』的美誉，近一个世纪以来，它不仅世界上汽车生产第一大国，同时也是世界上第一汽车消费大国。『底特律汽车城』名闻天下，底特律的『三巨头』，也就是通用、福特和克莱斯特三大汽车公司不仅垄断国内汽车市场，也称霸世界市场。

可是，在许多年之后，力量对比发生了明显的变化。日本汽车工业蓬勃发展，雄视世界，不仅日益扩大对美国市场的占有份额，也同时向全球扩张。

战后的日本认定汽车业有着巨大的发展前途，将发展汽车工业列为开发日本出口潜力的关键行业之一。

日本人进攻的主要目标显然是美国，因为在美国，生产的汽车最多最好，销量也最大，如能在美国推销，那么在世界其它国家推销也就没有问题了。

日本人在调查研究中发现美国人对汽车的需求已发生变化：过去美国人偏爱大型的、豪华的汽车，只是由于美国汽车越来越多，城市越来越拥挤，大型汽车转弯以及停车都感到不便，加上油价上涨，人们感到使用大型汽车耗油多不合算。

因此，美国人的偏爱已转向小型汽车，也就是喜欢价廉、耐用、耗油少、维修方便的小汽车，并要求汽车要易驾驶、行驶平稳、腿部活动空间要大等等。

丰田正是根据美国人的喜爱与需要，制成一种小巧、价廉、维修方便、速度更快、乘坐更舒适的汽车，受到美国消费者欢迎的美国式小汽车。由于这种经过改制的小汽车满足了美国顾客所喜所需，迅速在美国市场上树立起物美价廉的良好形象，终于打进了美国市场。

接着日本在研究了美国汽车的制造技术、设计优缺点、消费者的口味和市场环境后，不久又推出了『蓝鸟牌』汽车，也成功地打进了美国市场。其它日本汽车公司也相继涌入美国市场。打入美国市场之后，日本汽车公司并不满足，而是不断调研，不断改进，提高质量，满足顾客所喜所需，从而能不断扩大市场占有额。

日本汽车从此反客为主成了美国人日常的交通工具。

『小皇帝』金口玉言

星期天，一对年轻夫妇领着着他们可爱的小宝宝来逛商场。小宝宝看着琳琅满目的商品，用小手指指点点，显示兴致勃勃的神态。

当他们来到儿童玩具柜台的时候，售货员迎上前来，热情地和孩子的父母打招呼：『您二位准备买点什么？是不是想给孩子买个玩具？』夫妇俩看看玩具的标价，歉意地摇摇头，带着着孩子就想离开。

突然，小宝宝哭闹起来：『我要玩具！我要玩具！』

夫妇俩只好赔着笑脸又劝又哄，但还是无济于事。售货员好像明白了什么，立即挑了几件高级电动玩具来到孩子跟前，打开玩具的电动开关让玩具动起来给孩子看，并亲切地说：『小宝宝，你想要哪件玩具呀？阿姨给你拿。』

孩子停止了哭闹，语气干脆地说：『机器狗。』

这时售货员用眼看了一下年轻夫妇，发现他们犹豫了一会儿，终于拿出钱买了机器狗。这位卖玩具的售货员第一次将注意力放在孩子的父母身上，结果推销失败，这主要是她不知道一家三口之中谁说话算数。后来她发现这位小宝宝才是家中之『王』，于是想办法激起小宝宝的购买欲望，最后获得成功。可谓一举打中要害。

先尝后买名扬四海

这是一种古老的生意经。『先尝后买』它为顾客提供了一个选择商品的自由，让顾客自己去感受商品的质量，评判商品质和价是否相称。消费者经过亲自的检验，觉得商品质量不错，就会产生购买动机。

我国各地的农贸市场，卖食品的摊贩一般都用『先尝后买』的办法主动热情地招徕顾客。卖西瓜的切一块让你尝尝味道甜不甜，卖花生的请你吃几颗尝尝脆不脆。这种『先尝后买』的经商之道，可以说是摸透了顾客的心理。可惜，这种传统的生意经还没有被一些商店所广泛采用。

在成都，一些大商店也开始兴起『先尝后买』了。一些商场的糕点经营部设立了『一分货』专柜。他们将各种糕点切成小块，顾客花一分钱，取一块尝尝，然后再决定买还是不买。这种办法很受消费者的欢迎。

台湾的TT茶庄当顾客上门的时候，总会先享受到一杯香醇的佳茗，这其中有着深刻的奥秘。负责人LXF说，这杯茶水不仅增进了顾客对公司的亲切感，也常由它促进双方的感情，交流彼此对茶叶的研究体会心得；再说，有很多顾客喝了这杯浓郁甘润的茶水，也会兴起尝试的念头，而买回去给家里人品茗。若是觉得合乎口味，以后说不定会成为这茶的爱好者，就会经常上这儿来买。谁能小看这杯茶的功用呢？河北有家食品公司试制了一种新酒，拿到各个门市部零售时都附有一瓶样酒，让顾客试尝。由于货真价实，很快地打开了销路。现在许多商店在出售商品时都采取了这种『先尝后买』的方式。如电视机试看、电冰箱试用、自行车试骑、服装试穿等等。

顾客是最公正的，如果你的商品确实物美价廉，只要让顾客『品尝』，自然会名扬四海，货畅其流。反之，要是质次价高，当然是买者廖廖无几。不过，从顾客品尝后的反映里，也能找出差距，以便改进生产。所以，『先尝后买』这个生意经既有利于消费，又有利于生产，可谓釜底抽薪，彻底解决了做生意的大难题。